启与魅：卡森·麦卡勒斯自传

〔美〕卡森·麦卡勒斯———著
Carson McCullers
杨晓荣———译

人民文学出版社
PEOPLE'S LITERATURE PUBLISHING HOUSE

Carson McCullers
Illumination and Night Glare: The Unfinished Autobiography of Carson McCullers

Copyright © 1999 by Carson McCullers
Simplified Chinese edition copyright © 2019 by Shanghai 99 Readers'
Culture Co., Ltd.
All rights reserved.

图书在版编目(CIP)数据

启与魅:卡森·麦卡勒斯自传/(美)卡森·麦卡
勒斯著;杨晓荣译.—北京:人民文学出版社,2018
 ISBN 978-7-02-014013-8

Ⅰ.①启… Ⅱ.①卡… ②杨… Ⅲ.①卡森·麦卡勒斯-自传 Ⅳ.①K837.125.6

中国版本图书馆 CIP 数据核字(2018)第 062199 号

责任编辑　朱卫净　邱小群
封面设计　高静芳

出版发行　人民文学出版社
社　　址　北京市朝内大街 166 号
邮政编码　100705
网　　址　http://www.rw-cn.com

印　　制　上海盛通时代印刷有限公司
经　　销　全国新华书店等

开　　本　890 毫米×1240 毫米　1/32
印　　张　9
字　　数　194 千字
版　　次　2019 年 3 月北京第 1 版
印　　次　2019 年 3 月第 1 次印刷

书　　号　978-7-02-014013-8
定　　价　55.00 元

如有印装质量问题,请与本社图书销售中心调换。电话:010-65233595

人生回顾并不是从孕育到死亡的有序铺陈。构成回顾更多的是这里那里的片断回忆。

——威廉·苏·巴罗斯[①]

[①] 威廉·苏·巴罗斯(William Seward Burroughs,1914—1997),美国作家。

屋子里的静谧一如外面的黑夜深不可测。比夫呆立着，陷入沉思。突然，他感觉胸中一阵悸动。他心头突突乱跳，靠在柜台上撑住身体。一道天启之光掠过，他瞥见了人的奋斗和英勇。无尽的时光中人类那生生不息的无尽旅途。那些劳作的人和那些——一言以蔽之——爱着的人。他的灵魂豁然开朗。然而这些都只是稍纵即逝。他感受到了一种警示，一阵恐惧。在两个世界之间，他竟无所着落了。他看到面前柜台上玻璃的映像里，自己正看着自己的脸。鬓角的汗珠闪闪发亮，面孔扭曲变形。张开的两只眼睛大小不一。左眼眯缝着探究以往，右眼大睁，带着惊恐凝望未来，那里是一片漆黑，是谬误，是毁灭。而他悬在了光明与黑暗之间。苦涩的讽刺与信念之间。他猛地转过身去。

——卡森·麦卡勒斯，《心是孤独的猎手》

目 录

序　　001

启与魅：卡森·麦卡勒斯自传　　001
卡森与利夫斯·麦卡勒斯二战书信选　　097

附录一　《哑巴》提纲（《心是孤独的猎手》）　　216
附录二　卡森·麦卡勒斯生平年表　　245
译后记　　278

序

除自传正文《启与魅》以外,按作者意愿,本书收入了麦卡勒斯第一部小说《哑巴》的提纲(1940年出版时书名为《心是孤独的猎手》)及麦卡勒斯与其丈夫利夫斯·麦卡勒斯在第二次世界大战期间的部分往来信件。

为方便读者,本书另附有麦卡勒斯生平年表。

启与魅：
卡森·麦卡勒斯自传

我的生活里差不多全都是工作和爱，谢天谢地。工作并不总是轻松的，爱也是如此，且容我补充这一点。十七岁的时候，我这种工作着的生活几乎要毁了，随后有几年也是这样，起因就是一部我自己都不太懂的小说。我脑子里至少有五六个非常清晰的人物。每个人物都在对中心人物不停地说话。我理解他们，但是主要人物是谁还不明确，虽然我知道他是这本书的中心。我不止一次地想，把这些人物写成短篇就行了，可我总是控制着自己，因为我知道，这部神秘的作品会成为一部长篇。

然后就是突然间，正当我在起居室的地毯上走来走去，不时跳跳地毯图案上隔空的格子，被我自己设下的难题折磨得疲惫不堪时，我一下子就想出了解决办法。中心人物，那个沉默的人，始终都是哈利·米诺威茨，但是我在踱步思考的时候，突然意识到他是个聋哑人，所以其他人才会不停地和他说话，而他当然也从不回话。

这是一次真正的启示，照亮了每一个人物，让全书有了中心。随即，我把哈利·米诺威茨这个名字改成了辛格，因为"辛格"的意思是歌唱者，可以更好地表现新的构思，而且有了这种全新的理解，书的开头就顺畅了。我写了下面这篇文字作为序言：

本书的广义中心主题在前十几页中即可显现。这个主题就是，人对自己内心孤独感的反抗，以及对尽可能充分地表达自我的渴望。围绕着这个总体思路有若干对立的主题，其中几个可以简述如下：（1）人内心深处有一种需求，要通过创造某种能够自圆其说的原则或者上帝来表达自我。一个人自己心目中创造出来的上帝是他自己的映像，在本质上，这个上帝往往还不如创造他的那个人。（2）在一个无序的社会里，这一个个的上帝或者原则一般都荒诞不经。（3）每个人都必须用自己的方式表达自我——而一个趣味高雅却短视的社会对此经常是排斥的。（4）人类天生具有合作精神，但是一种非自然形成的社会传统却让他们的行为与自己内心深处的天性相悖。（5）有些人天生就是英雄，他们愿意付出一切，却不计辛劳，不求个人回报。

不言而喻，这些主题在书里决不是以直白的方式说出来的。透过人物和情景可以体会到这些含义。在很大程度上，这取决于读者的领悟能力，以及读者在读这本书的时候是否用心。有些地方，隐含的意思深藏于场景的表层之下，有的时候，这些意思会以稍加强调的方式表现出来。在最后几页里，贯穿全书反复出现的各种主题陡然集中，结尾具有凝聚全局的终极意义。

这部作品的主要内容概括起来十分简单。故事讲了五个孤单且孤独的人，他们都渴望向比自己伟大的力量表达自我，并与之在精神上融为一体。五人中有一个聋哑人,约翰·辛格——整本书就是围着他转。由于孤独,其余四个人在这个聋哑人身上看到了某种神秘的超凡气质,他可以说是成了他们的理想化身。辛格其人因生理缺陷所致,表现出来的个性模糊不清,似乎无所不能。他的朋友们因此可以把他们希望他具备的所有素质都安在他头上。四个人中的每一个都根据自己的愿望形成自己对这个聋哑人的理解。辛格会读唇语,能理解他们对他说的话。在他永恒的沉默中存在着某种力量。四个人全都把自己最隐秘的情感和想法存放在聋哑人这里。

与四个人和聋哑人之间这种状态几乎完全平行的是辛格和他的聋哑朋友安东纳波勒斯之间的关系。只有辛格一个人认为安东纳波勒斯有尊严,也有几分智慧。辛格对安东纳波勒斯的爱像一条线贯穿全书,从第一页直到结尾。辛格的全部身心都为这种爱所撼动,他们分开以后,他的生活就毫无意义,只是在原地踏步,直到他又能和他的朋友在一起为止。可是自诩为辛格朋友的四个人对安东纳波勒斯却一无所知,小说快结束的时候他们才发觉此事。这种局面形成的讽刺意味随着故事发展逐渐增强,越来越清晰可见。

安东纳波勒斯终于因布莱特的病而死去之后,孤独和绝望压倒了辛格,他打开煤气自杀了。直到这时那四个人才开始明白真正的辛格究竟是个什么样的人。

围绕着这条主线,故事中有很多传奇的特点和色彩。与辛格直接相关的部分全都是用简单的寓言风格写成的。

在理解为什么会出现这种状况之前,有必要多了解一下这几位主要人物。但是,只有先讲述他们身上发生的事,才有可能对他们做比较充分的描写。书中所有的事件几乎都是突然间直接发生在这些人身上的。在小说的空间里,每个人都通过其最擅长并且是最典型的行动得到展示。

当然了,不言而喻的是,这些个人特点都不是以这里这种直白的讲课方式表现出来的。小说用一个接一个的场景暗示了这些个性特征——只有到了最后,把这些暗示汇集在一起来看,才能从这些人物内心深处的方方面面理解他们真正的个性。[1]

第二天我就开始写这本书的正文了:"城里有两个聋哑人,他们总是形影不离。"有一年左右的时间,我的工作稳步推进,这时在纽约大学教了我一学期写作的老师西尔维娅·查特菲尔德·贝茨[2]写信给我,说霍顿·米夫林出版公司正在举办一场长篇小说处女作大赛,我就写了一个详细的《哑巴》写作提纲,连同已经写好的一百页左右一起交了上去。这份提纲对我来说是个精神支柱,虽然我从来没有这样用心地写过一份提纲,后来也没再写过。

---

[1]《哑巴》提纲全文见本书附录一。
[2] 西尔维娅·查特菲尔德·贝茨(Sylvia Chatfield Bates),美国女作家。

这个提纲就在本书附录里。我没有获奖，但是霍顿·米夫林给了我一份合同，在我看来，这和获奖也差不多，于是我继续写了下去。

就在这个期间，1937年十九岁的时候，我爱上了利夫斯·麦卡勒斯，和他结了婚。我告诉父母，我要跟他有过那种体验之后才跟他结婚，因为我怎么会知道我喜欢还是不喜欢结婚？在交谈的过程中，我感觉我得向父母实话实说了。我说结婚是一种承诺，像其他承诺一样，我不想向利夫斯承诺什么，除非我绝对有把握我喜欢和他做爱。看关于伊莎多拉·邓肯①的书和《查特莱夫人的情人》②是一回事，亲身体验是另一回事。还有呢，所有这些书里，到了你特别想知道的关节，就会出现小星号。我问妈妈什么是性，她叫我到冬青树后面来，然后用她那种庄严的简洁方式说："性，我的宝贝，用的就是你坐下的那个地方。"于是我不得不去看教科书，感觉这东西实在没意思，却又难以置信。

我对父母说，利夫斯要到戈登斯布里奇③去过冬，我打算和他一起去。他们尊重我的坦率，带着几分不情愿让我走了。

我和利夫斯在那方面的体验并不像戴·赫·劳伦斯说的那样。没有大爆发或者彩色亮点，但这种体验给了我一个机会，可以进一步了解利夫斯，实实在在地学会去爱他。我们大喝玫瑰香槟酒，吃过季的西红柿。我还给利夫斯讲了《哑巴》的故事，这是我当时为《心是孤独的猎手》暂拟的书名，他和我一样兴奋不

---

① 伊莎多拉·邓肯（Isadora Duncan，1878—1927），美国女舞蹈家。
② 英国作家戴维·赫伯特·劳伦斯（David Herbert Lawrence，1885—1930）的小说。
③ 戈登斯布里奇（Goldens Bridge），纽约州的一处湖畔名胜。

已。这个婚姻对我们俩而言都会成为爱与写作的结合。在听西尔维娅·贝茨的课的那段时间里，1936年，我就已经在《小说》杂志上发表了我的第一个短篇小说，题为《神童》[1]。（今人很难意识到《小说》杂志在那个年代对年轻作者所拥有的显赫声望和重要意义。）利夫斯也为此高兴，同时觉得他自己当个作家也不错。1937年9月20日，我们结婚了，我继续写《哑巴》。

利夫斯在纽约学了几门短期课程，有哲学、心理学等等，然后在北卡罗来纳州找到一份工作，我们就搬到夏洛特去了。

我的生活模式照旧。工作和爱。

《哑巴》是我拟的第一个书名，后来我的出版商把它改成了《心是孤独的猎手》[2]，我很喜欢这个书名。写这本书用了我两年时间，对我来说，那是一段非常愉快的时光。我努力工作，努力去爱。1939年《心是孤独的猎手》一写完，我马上就开始写另一部作品，这就是《金色眼睛的映像》。

*

爱的模式自我幼时起就形成了。我深爱一位老太太，她身上总有一股柠檬香草味儿。我和她睡在一起，黑暗中感觉舒服极了。她常说："把椅子搬过来，宝贝，爬上去够五斗橱最上面那个抽

---

[1]《神童》,《小说》, 第9卷, 第53号, 1936年12月。
[2] 罗伯特·林斯科特（Robert Linscott）是麦卡勒斯在霍顿·米夫林公司的编辑,《心是孤独的猎手》这个书名是他提出的, 取自一首诗《孤独的猎手》, 作者菲奥娜·麦克劳德（Fiona MacLeod）, 这是威廉·夏普（William Sharp, 1855—1905, 苏格兰诗人、作家）的化名。

屁。"然后我就会在那儿发现一些好吃的,比如一个小圆蛋糕。有一次是几个金橘,把我高兴坏了。我这位初恋是我姥姥,我叫她孃姆[1]。

她这一生过得并不愉快,虽然她从不抱怨。她丈夫[2]死于酒精中毒,去世前好多年都是一个身强力壮的男仆在照料他,因为他突然发病的时候,这个人能对付得了。尽管如此,孃姆对酒从不反感。她最后一次病重临危的时候,有一天基督教妇女禁酒联合会的几位女士来访。她们面色冷峻,看起来就像个代表团。

"我知道你们来干什么,"孃姆说,"你们来看看怎么把那个标志放在我尸体上,那个紫的金的东西,可我现在告诉你们,我不想要那玩意儿。我们家的男人都喝酒。我父亲喝,我女婿拉马尔[3]是个圣人,他也喝。我听说那次爆炸的时候多伤心哪,我知道他那些家酿的酒全都炸没了。而且我也喝。"

女士们大惊失色,七嘴八舌地说:"沃特斯太太你不能喝!"

"我每天晚上都喝——拉马尔会给我倒一杯棕榈酒,我还特别爱喝呢。"

"哎呦喂!沃特斯太太呀。"代表团吓坏了。

我爸走进屋子,孃姆恶作剧似的故意说:"拉马尔,这就该给我喝棕榈酒了?我想这会儿应该很好喝。"

"哪位女士也想来一杯?"我爸问。

---

[1] 露拉·卡罗琳·卡森·沃特斯(Lula Caroline Carson Waters,1858—1923),麦卡勒斯的外祖母。
[2] 查尔斯·托马斯·沃特斯(Charles Thomas Waters,1860—1890)。
[3] 拉马尔·史密斯(Larmar Smith,1889—1944),麦卡勒斯的父亲。

可那些联合会的人都已经吓跑了。

"说实话,拉马尔,禁酒联合会的这些女士们头脑狭隘得要命,尽管我那么说可能是不太像话。"

"非常不像话。"我爸一边给她倒酒一边说。

她的公公和她的兄弟们给她提供生活来源。她的兄弟们每天中午到她家来吃饭,不过每次她都要跟他们说,她想要他们给孩子们买看马戏的票。那个时候,那个地方,男人们都不相信女人有理智,所以他们就自己订购成桶的面粉、腌肉,还有别的食品,让人送到她家里去。他们还给她的孩子们买衣服,这些衣服根本就不合她的要求,还老是尺寸不对。尽管如此,她还算是衣食不缺,就她的喜好而言,或许东西还太多了。

嬷姆最后病重的那次,我和弟弟[1]妹妹[2]都给送到蒂耶[3]姨妈家里去了,那儿有我们的五个表兄弟姐妹。在巨大的凉台[4]上睡觉真是神奇极了。我的大表姐[5]给我们讲玻璃山的童话故事,讲伊索寓言,我们就满心欢喜地迷迷糊糊睡着了。蒂耶姨妈有一架果实累累的斯卡珀农葡萄[6],还有很多果树。早餐桌上总是有山茱萸蜜,还经常有剥了皮的熟无花果,我们把厚厚的新鲜奶油浇在上面。星期天总会有冰激凌,我经过允许可以搅拌冰激凌,当然

---

[1] 小拉马尔·史密斯,麦卡勒斯的弟弟,生于1919年5月13日。
[2] 玛格丽塔·加歇·史密斯,麦卡勒斯的妹妹,生于1922年8月2日。
[3] 玛莎·埃尔芭·沃特斯·约翰逊(1885—1953),麦卡勒斯的姨妈。家里人叫她Tieh,即蒂耶。
[4] 又称卧廊,有顶有窗。
[5] 弗吉尼娅·约翰逊,麦卡勒斯的表姐,玛莎·埃尔芭·沃特斯·约翰逊和C.格雷厄姆·约翰逊的女儿。
[6] 一种黄绿色的大粒葡萄。

还可以舔搅拌器。花匠把我姥姥去世的消息告诉我的时候,我几乎反应不过来。于是蒂耶姨妈开着那辆老道奇车把我们送回了家。

回到家里,看见门上的花圈,我知道有我没经历过的可怕事情发生了。我扑倒在大厅的地上,过了一会儿,开始抽搐。那天下午我安静下来以后,妈妈要我亲亲姥姥,而我语气坚决地说,"她死了不是吗?没人亲死人的。亲的都是活人。"我姥姥死了,可是她的精灵还和我生活在一起,我墙上总是挂着她的照片。一个年轻美丽的寡妇,带着五个孩子。

我妈[①]和我爸我也爱,但是嬷姆对我而言始终很特殊。我们住的房子是她的。这是佐治亚州哥伦布市第十三街上一座狭窄的房子。地板吱嘎作响,和别的老房子一样。这座房子和房后的两块地都属于她。我就生在这座房子里,整个幼年时期都在这儿度过。爸爸妈妈和姥姥都不让我和邻居的孩子们玩,除了住在街对面的女孩海伦·哈维(Helen Harvey)。

*

……健康和美丽,想到我癫痫发作时的那种状态,这让我的父母情绪失控。上学没问题,我学习很轻松,下午就去弹钢琴了。作业几乎没花我什么时间。每个年级我都顺利通过了,不过也就仅此而已。我喜欢爬到后院的一棵树上,坐在我和弟弟搭的一间树屋里。我们和厨娘约好了一套非常详细的信号,厨娘特别好心,

---

[①] 薇拉·玛格丽特·沃特斯(1890—1955),麦卡勒斯的妈妈,家里人叫她贝贝(Bebe)。

会在篮子上系一根绳子，把好吃的东西放在里面给我们吊上去。多年以后，我心情烦躁的时候，还会躲进那间树屋里去。

我听说中学里有很可怕的事情。比如我听说，奇弗斯小姐死后，她的大脑要送到史密森学会博物馆去，因为她太聪明了。妈妈给我穿上粉红色的套装，我就向那个恐怖的中学进发了。那儿没我想的那么糟糕。我还是想当钢琴演奏家，所以爸爸妈妈也没让我每天都去上学。我上学的次数刚够我跟上课。多年后的今天，教过我的中学老师都特别困惑，弄不清像我这样一个不起眼的学生怎么会成为一个成功的作家。其实是因为我不相信上学这回事，相反，我极为相信系统的音乐教育。我父母同意我的看法。毫无疑问，如此特立独行让我失去了某些社会优势，但我从不在意。

到学校的第一个星期，我在厕所里被一个女孩一把抓住。她把我推倒在地，说："把'操'这个字说三遍。"

"那是什么意思？"我问。

"别管那是什么意思，你这个傻无知，说就行了。"

她一直把我的脸在水泥地上碾来碾去。

"好吧操。"我说。

"说三遍。"

"操，操，操。"我速度很快地说了，她放开了我。

到现在我都能感觉到她嘴里喷在我脸上的臭气，还有她那双汗津津的手。我一脱身就直接跑回了家，但是没有告诉父母，因为我知道，这种事太丑恶，太不像话。

"你脸上怎么了？"妈妈问我。

"中学里免不了的呗。"我说。虽然像这样戏剧化的事情再也没有发生过,上学的枯燥无味还是一种可怕的经历。我十七岁毕业的时候,甚至都没有去参加那些典礼什么的,只是请校长把我的文凭收好,说我弟弟第二天会去取。

尽管如此,我的童年并不寂寞,因为1922年我五岁那年,我爸买了一架钢琴。蒂耶姨妈有台钢琴,我小心翼翼地试过,还弹出了几个和弦,这样我自己的钢琴运到以后,我马上就坐下来开始弹。在我父母眼里,这就像个奇迹。

"我们弹的是什么呀?"他们问我。

"我自己作的曲子。"我告诉他们。然后我就换成了《是的,我们没有香蕉》[1]。

他们认为我必须有个音乐教师了,于是就让基尔斯太太[2]每周来给我上两次课。

我不太喜欢这些课,还是愿意自己编曲子。基尔斯太太为我折服,非常尽职地把我那些曲子记下来。我一直跟她学琴,直到大约十年以后,我听了一场塔克太太[3]的独奏会,就很想让她来教我。我和基尔斯太太讨论了这件事,她同意了我的看法。

我为我的新教师演奏的作品是《匈牙利狂想曲第二号》。她有一次说这是她听过的速度最快、音量最大的《匈牙利狂想曲》了,可她还是收了我这个学生。不只是学生——我每个周六都是在她家度过的,她让我开始听巴赫,我原来从没听过。

---

[1] 当时的一首流行歌曲。
[2] 海伦(爱丽丝)·肯德里克·基尔斯太太 [Helen (Alice) Kendrick Kierce]。
[3] 玛丽·塔克太太,美国陆军上校艾伯特·西德尼·约翰斯顿·塔克(Albert Sidney Johnston Tucker)的妻子。

对我来说，塔克太太是巴赫、莫扎特和所有美妙音乐的化身，在十三岁这个年龄，这就涵盖了我全部的灵魂。正是在一场拉赫玛尼诺夫作品音乐会上，我遇到了我的第一位成人朋友。

他二十三岁，我十七岁，我们可以无话不谈。不止谈音乐，他还给我介绍了卡尔·马克思和恩格斯，加上其他的一些事，让我对正义的思考又进了一步。大萧条时期，看见黑人在我家的垃圾桶里乱翻，还上门来乞讨，我常感觉这世上有什么地方不对头了，让人害怕，却从来没有动脑子去想其中的原因。

我的新朋友叫埃德温·皮科克，他每个星期六下午都来，他的来访让我高兴。我并没有"陷入爱河"，这是真正的友谊，而且的确陪伴了我一生。

*

我很喜欢跟妈妈和姥姥到城里去买东西。有一天，她们带我去买衣料——妈妈一般都是给我做外衣，姥姥给我做内衣。那天嬷姆在杂货店的一个凳子上坐下来说，她感觉不太舒服。妈妈找了个出租车，让我把她送回家，叫女仆克莉奥帮她把衣服脱了上床躺下。

"没什么事，"姥姥说，"就是有点儿头晕。"

我感觉自己责任重大，扶姥姥上了车，送她回到家里。我和克莉奥一起帮她脱了衣服。然而不管她怎么抗拒，事情却并不只是有点儿头晕那么简单。她得的是恶性贫血，一年以后她就去世了。

Illumination and Night Glare

*

我极为渴望的就一件事：离开哥伦布，在这个世界上有所作为。起初我想当个钢琴演奏家，塔克太太鼓励我走这条路。后来我意识到，我爸没有能力把我送到茱莉亚或者其他著名的音乐院校去学习。我知道我爸为了这件事很难堪，我又那么爱他，所以我就把我对音乐生涯的全部向往都悄悄地束之高阁了，然后告诉他，我转"专业"了，要当个作家。这是我不出家门就能做到的事，于是我每天上午都写。

我的第一本书叫《潘神①的一枝芦苇》，内容呢，自然是讲一个音乐家的，这人学得出色，做得成功。可我对这本书不满意，所以也就没有送到纽约去，虽然我听说过代理人什么的。我那会儿十六岁，不停地写。第二本书叫《棕色的河》。那里面写了些什么我记不大清了，只记得在很大程度上受了《儿子与情人》②的影响。

*

我姥姥把自己唯一值钱的东西——一只漂亮的祖母绿钻石戒指，遗赠给了"她灰眼珠的外孙女"。我只戴过一次，因为我知道我得把它卖了。我爸是城里的珠宝商，他把戒指卖了以后，我才

---

① 希腊神话中的潘神司羊群和牧羊人，形象半人半羊，他追求的女神变成了会发出声音的芦苇，潘神于是用芦苇秆做成了排箫。
② 《儿子与情人》(*Sons and Lovers*) 是英国作家戴维·赫伯特·劳伦斯的小说。

能到纽约去,学一门叫创意写作与哲学的课。

就这样,我终于要离开家去读书了。有个我不认识的女孩在哥伦比亚大学听课,她邀请我和她同住一个房间。我爸看了她一眼,就对这种安排产生了疑虑,因为这个女孩染了头发,那个时候,只有"不规矩"的女孩才染头发。尽管如此,他还是让我去了。

我从萨凡纳到纽约是乘船去的,这样我就第一次见到了海洋,后来呢,奇迹中的奇迹是,我见到了雪。

我的新朋友住在一家纺织品商店的楼上。很快我就注意到她基本不在家——实际上她有个男朋友,她就在他那儿过夜。有个男人跟着我上楼,想搂我,我使劲把他推开,他一下子撞到墙上去了。于是我给困在那个孤寂的房间里,深感受到威胁,满怀着对陌生男人的恐惧。白天我到梅西百货[1]去,枯坐在一个电话间里,在那儿我知道自己是安全的。然后再回来度过恐怖的不眠之夜。

终于,我恢复了一点理智,去找哥伦比亚大学女生事务主任,问她该怎么办。

"你多大了?"她问我。

"十七了。"我骄傲地说。

"你太小了,在大城市里一个人住不行。"她建议我住到一个女生会社去。

我收拾起自己的东西,搬进了帕纳塞斯[2]会社。就在那儿,

---

[1] 纽约著名的连锁百货公司。
[2] 古希腊神山,太阳神和文艺女神的灵地,引申为诗坛或文坛。

Illumination and Night Glare

一个多星期以来第一次，我睡着了。我睡了二十四个小时。

会社里有个女孩在练习巴赫的赋格曲，我感觉完全像在家里一样自在。交朋友很容易，我满怀感激。我第一个而且也是很特别的朋友对我说她要搬到三艺会社①去，我决定跟她一起去。

因为经济状况比较紧张，我在一家叫《多乐趣，新漫画》(More Fun and New Comics)的杂志社找了份工作。我，一个悲惨兮兮的作者，居然要编辑逗乐的文章。这份工作是当"挂名的负责人"，因为不久我就发现，这家杂志被人告了。几个月以后他们把我解雇了，我真心感激不尽。

我按部就班地过，这时我爸的支票来了，钱很少。于是我又一次面对就业的局面，我找到了一份工作，雇主是路易斯·B.菲尔德太太，她坚持要把我称为不动产"销售小哥"。我的工作是核对在纽约购买公寓的顾客。我记得大部分时间是给菲尔德太太取酸奶油，她用一把长长的冰茶勺舀着吃。可是有一次，我躲在账本后面读普鲁斯特②，正被他的一个长句搅得夹缠不清的时候，菲尔德太太逮住了我。她抓起那个账本，重重地打在我头上。临走前，她恶狠狠地扔下一句"你在这个世界上绝对成不了事"，然后又用那个账本打了我一下。于是在这种情况下，我又被解雇了。

在此期间，我在哥伦布的朋友埃德温写信告诉我说，他在图书馆遇见一个年轻人，他请这人到自己家里喝酒。他说这个人很有魅力，他觉得我会很喜欢他，我回家的时候，大家可以聚一聚。

---

① 三艺会社（Three Arts Club），古希腊教育内容为人文三艺（Trivium），即文法、修辞、逻辑。
② 马塞尔·普鲁斯特（Marcel Proust，1871—1922），法国作家。

于是1935年6月，我就回家了，在埃德温·皮科克的公寓里见到了利夫斯·麦卡勒斯[①]。我第一眼看到他就震惊了，震惊于那种无可挑剔的俊美；他是我见过的长得最好看的男人。他也谈论马克思和恩格斯，可我知道他是个自由主义者，我觉得在一个落后的南方社区里，这一点是很重要的。埃德温、利夫斯和我整天聚在一起。有一天晚上，就利夫斯和我两人出去散步，仰望着星空，我都没有意识到时间是怎么过去的。利夫斯把我送回家的时候，我父母担心极了，因为已经是凌晨两点了。尽管如此，我妈妈同样为利夫斯的魅力所倾倒，利夫斯还给她带来不少很棒的唱片。那时他是佐治亚州本宁堡驻军的办事员。我们都喜欢运动，利夫斯常向埃德温借自行车，我们一起骑车去三十英里外的女童子军营地。妈妈帮我们把午餐包好，我们肩并肩地骑着，不时停下来喝一罐冰凉的可乐。下棋是他的心头所好，在清凉的棕色水里游完泳之后，我们会下上一盘（他总是赢我），接着再去游泳，然后长途骑行回家。我十八岁了，这是我第一次恋爱。他要到纽约去读书，我知道他走的时候我会伤心。

我悉心写作已经有几年了，利夫斯说他也要当作家。那年夏末我开始发低烧，医生怀疑是肺结核，于是我就只好在家里待着。其实那是少儿期急性关节风湿热发作，可那时一直就没有对我这个病做出准确的诊断。

9月初开学的时候，利夫斯走了，同时用花钱的方式离开了军队。当时他姑妈给他留下了一些钱，他很大方，要分给我一部

[①] 詹姆斯·利夫斯·麦卡勒斯（1913—1952），1913年8月11日生于亚拉巴马州威屯卡市。

分,我拒绝了,跟他说他需要那笔钱把学上完。直到他真的迷失了自我,我才意识到他品性中的缺失。

这段时间里,利夫斯不在,我只有埃德温一个朋友,我天天想着他过圣诞节就回来了,以此度日。又是担忧又是病,我的时间全都用来写作,再就是盼望、等待着利夫斯归来。圣诞节的时候他回来了,我们第一次喝了雪利酒,而不是我们相聚时总会喝的啤酒。偶尔他也喝威士忌。不,我从来没有看清楚利夫斯·麦卡勒斯品性中的缺失,直到后来已经太晚,拯救他或者拯救我自己都不可能了。他体格健壮,那个时候我看不出他酒精中毒的迹象。我们一次都没有做过爱,因为我告诉他,我不想有那种经历,除非我想得很清楚了我要永远爱他。

圣诞节假期之后,利夫斯说服了我和他一起到纽约去。我已经好多了,虽然还在发低烧。我告诉父母我要跟他一起走,然后我们就去了他在韦斯切斯特的公寓。

我一到那儿,利夫斯就不去上课了,我们在一起过了两个月。我对他说,我觉得结婚前他应该有个工作,于是我们又回到南方。他去了北卡罗来纳州的夏洛特,我待在哥伦布。终于,他打电报来说他找到了一份工作,要来接我。想到我父母的耐心和理解,我只能叹服。

"她是我见过的最诚实的孩子。"我父亲总是这样说。可如今我是成年人了,对他们的耐心和理解,我的确感到惊讶。

就这样,我和利夫斯 1937 年在家里的起居室里结了婚,然后到夏洛特去开始婚后的生活。

我表姐坚持说我结婚的时候穿的是一件绿色天鹅绒长袍和一

双牛津鞋①。也许是？我记不清了。婚礼上只有埃德温和我的直系亲属，没别人。整个仪式过程中，埃德温用留声机轻声播放着巴赫的双小提琴协奏曲，妈妈像妈妈们应该表现的那样流着泪，爸爸则是擤鼻子。仪式结束后，我们享用了通常都会有的鸡肉凉拌菜和香槟酒。

婚后最初的日子是幸福的，虽然我也犯新娘们通常都会犯的错。我用一只很不错的鸡做菜，仔细拔掉所有的细毛以后，我把它放进烤箱，却没有想到还要把它弄干净。利夫斯一回来就说："屋子里这股臭味儿到底是怎么回事啊？"

我埋头于《心是孤独的猎手》，什么也没注意到。利夫斯打开窗子，拧开电扇，说："宝贝，那是什么东西？"我告诉他我在烤一只鸡，那鸡好像臭了。过了一会儿我们才弄清楚我错在哪里。我忘了清洗鸡的内脏。他哈哈一笑，说："我们今晚还是到 S&W 餐馆去吃吧。"尽管有这种事，婚后的生活还是让人愉快又安心。每天我写完后，都要大声读给利夫斯听，有一个地方我问他："你认为这样写好吗？"

他说："不！我不认为这样写好——我知道这样写太棒了。"

那个提纲鼓舞了我，尽管也多少有点框住了我。这一点我得说明一下，我从来没有写过这么详细的提纲，之所以会这么写，都是因为霍顿·米夫林公司的那次大赛。

我很向往星期六，因为那是我清洁屋子的时间，我可以不写作。利夫斯不光给我精神支持，还帮我拧拖把，我拧不动。

---

① 系鞋带的皮鞋，体现中性特点。

我们没别的朋友，对这种离群索居的生活很满足。星期六晚上，屋子一尘不染，我的铅笔也都削好收好了，我们就到葡萄酒铺子去，买一加仑雪利酒，利夫斯偶尔会带我到 S&W 去，那是城里一个不太贵的餐馆。我一点儿都感觉不到利夫斯心里有什么苦恼或者不满，而那正是后来导致他毁灭和死亡的原因。

那些日子里我们的生活目标就是到纽约去，我们经常看停着的车上那些纽约的车牌，梦想着哪天我们也可以去那座神奇的城市。

婚后两年左右，一天凌晨四点，经我完全同意，利夫斯真的出发去纽约了，我在家等着他。没有他，家就不是个愉快的地方。他走了以后，我环顾左右，备感凄凉。

这是一座供一家人住的房子，用胶合板隔成几个像养兔场一样的小间，只有一个卫生间，十来个人共用。我隔壁有个生病的孩子，是个傻子，整天大喊大叫。那家的男人进屋去打她，当妈的就哭。

"能离开这座房子就好了。"我对自己说，可那病孩子的尖叫声和那位可怜的妈妈徒劳的安抚声淹没了我的声音。我不愿意去卫生间，因为那儿有种恶臭。我知道爸爸妈妈要是看见我这种惨状不会不管的，可我太傲气了。

利夫斯找了一天工作回来了。工作没找到，但是他说有几个人在帮他。

一个月以后，我们到纽约去了，因为霍顿·米夫林公司终于出版了《心是孤独的猎手》，我拿到了一些钱。这时，有人请利夫斯把一条船开到楠塔基特岛去（他是个很好的水手），他答应了。

和他同去的是一个叫杰克①的朋友，我们几个月以前才认识的。尝过一番贫穷的滋味以后，我有点舍不得坐火车，就独自坐长途汽车去了纽约，在米尔斯（Mills）小姐家临时落脚，那是我有一次听写作课的时候认识的一个朋友。她帮我找了一处便宜的供膳寄宿公寓，在曼哈顿西区的某个地方。就在那儿，我在孤独寂寞中度过了我第一本书出版的那一天②。

这时我收到一封神秘兮兮的电报，署名罗伯特·林斯科特，我隐约记得这是我的一个出版人，他要我第二天到贝德福德酒店去见他。我的孤独感顿时减轻了。这是1940年的6月，我不知道该穿什么好。我的工作让我远离了时尚环境，我那些旧衣服里一件合适的也找不出来。我到克莱恩商店去，在那个闷热喧闹的店里买了一套夏装。于是第二天，我万事齐备，要去见林斯科特先生了。

这段时间里，我已经开始写第三部长篇小说了；我估计自己一旦开始，就停不住笔了。这本书讲的是一个来自德国的犹太人。我急需听取各种建议，所以我给埃莉卡·曼③写了信，向她求助。她很客气，专门和我约时间，商量的结果是，既然她和林斯科特先生都在贝德福德酒店下榻，我们都可以当天在她的房间里第一次和她见面。

我们谈到了《心是孤独的猎手》出版这件事，我告诉林斯科特先生我又写好了一部长篇。

---

① 约翰·文森特·亚当斯（John Vincent Adams）。
② 1940年6月4日。
③ 埃莉卡·曼（Erika Mann）是德国作家托马斯·曼（Thomas Mann, 1875—1955）的大女儿，也是诗人威·休·奥登的妻子。

Illumination and Night Glare

"一次只做一件事,我亲爱的。"他说。

他邀请我到波士顿去,和他及他的家人住在一起,我马上答应了。他是霍顿·米夫林公司最好的编辑,他给我提的建议都十分中肯。这次会面中我还讲了我的新书写作计划,曼小姐也给我提出了很好的建议。

我们相谈甚欢的时候,一个陌生女子走进埃莉卡的房间。她生着一张我知道自己会终生难忘的脸庞,那么美丽,金发碧眼,梳着短短的直发。她脸上有一种痛苦的神色,我说不清那是什么表情。她体态雍容优雅,我只能想到《白痴》① 中梅什金见到娜斯塔霞·菲里波芙娜时的情景,他那时的感觉是"恐惧,怜悯和爱"。埃莉卡介绍她的时候称她为克拉莱克夫人②。她身着设计简洁的顶级夏季时装,连我都能看出来,那是巴黎一位著名女装设计师的作品。我不知道她的一个密友专门为她挑选所有的服装,安妮玛丽本人则是既不在意也不关注。

她当时就叫我称她安妮玛丽,我们马上就成了朋友。第二天,我应邀去看她,她说:"你不知道把这种恶习治好了意味着什么。"

"什么恶习?"我问。

"没人跟你说过我的事吗?"

"没有,"我说,"什么事?"

"我从十八岁起就一直打吗啡。"

我对吗啡一无所知,也不知道这种恶习的后果,所以没有表

---

① 《白痴》(Idiot) 是俄国作家陀思妥耶夫斯基 (Dostoevsky, 1821—1881) 的小说。
② 安妮玛丽·克拉莱克-施瓦森巴赫,瑞士女继承人,记者、探险家,其父艾尔弗雷德·施瓦森巴赫 (Alfred Schwarzenbach) 拥有瑞士最大的丝绸纺织公司,其母玛丽亚·蕾内·施瓦森巴赫 (Maria Renée Schwarzenbach) 是二战时瑞士陆军最高司令官的女儿。

现出应该有的反应。

她马上换了话题,开始谈她的漫游经历,说起阿富汗、埃及、叙利亚和整个中东。我听得着迷,但并不明白。

"我很爱你,所以请你答应我,决不沾毒品。"

"毒品?"我说,因为我做梦都不会想到这种东西。

然后她把话题转向了她妈妈,说她妈妈在她十七岁的时候就说她是个瘾君子和同性恋者。

我问这都是怎么形成的。她告诉我说,那是在德国,一战刚结束的那个年代。她妈妈老是打她,所以她离家出走了。她总想跑,可她妈妈抓住她就把她带回家。在家里,她和妈妈还有一个几乎不会说话的傻弟弟住在一座城堡里。这就是她的生活环境。她爸爸想帮她,可她妈妈太强势,不容他说话,顺便插一句吧,她妈妈据说是瑞士最富有的女人。安妮玛丽终于永远离开了家,和一个德国显贵家族交上了朋友。

我问她戒掉吗啡多长时间了,她回答说"就今天"。

我们那天晚上聊到很晚,利夫斯急坏了,我回到家里的时候,他冲我发火了。

"我的天!"他说,"你们一晚上都在干什么?"

"就是说话呀。"

"你爱上施瓦森巴赫小姐[①]了?"

我说:"我不知道。"

利夫斯像头豹子一样扑过来,狠狠打了我一耳光,我挣扎着

---

① "小姐"原文是法文。

想坐起来，他又扇了我一巴掌。这是我平生第一次挨打，我惊讶得说不出话来。后来，我求利夫斯去找份工作，这样他就不会成天在家里晃荡浪费时间。况且我们这套公寓在西区第十一街，离码头不远。

他说他是想找份工作。没有一技之长，又是在大萧条时期，我知道这对他来说不容易，可我还知道他应该试试。他常去酒吧喝酒，然后回到家里看书。他这种一事无成的生活让我忧郁，由此引起全面的精神抑郁，这种状况一直延续到他去世。我的时间都用在写作上，这肯定让他很烦躁。我真不知道那几个月是怎么过来的。

然后是《时尚芭莎》买了我的《金色眼睛的映像》，价格五百块，每天上午，我都到他们办公室去和编辑一起工作。乔治·戴维斯[1]有天分，有魅力，还腐败。有一次，他说："既然你跟利夫斯过不下去，又住在条件那么差的公寓里，那干吗不跟我住？"

我的假正经冒出来了，我说："当然是像兄妹一样吧。"听见这话，乔治大笑起来。第二天他告诉我，他做了一个梦，梦见我们真的住在同一座房子里；他记得那是一座棕色石头砌的老房子，在布鲁克林高地。他问我愿不愿意跟他一起去找找这样的一座房子？于是我们就到布鲁克林去了，和中介交谈过后，在米达街找到了一座只能说是太美的棕色石砌老房子。我们一起签了租约，我找了一套好点的公寓，把利夫斯安顿好，然后我觉得自己自由了，就和乔治一起搬进了那座房子。

---

[1] 乔治·戴维斯（George Davis，1906—1957），美国作家、文学编辑。

在这期间,乔治一个非常好的朋友,大诗人威·休·奥登①,也在找房子。我们高高兴兴地邀请他搬进来,而他还有两个朋友:极为著名的音乐家本杰明·布里顿②和他的朋友彼得·皮尔斯③。随之而来的是他们的好朋友:路易斯·麦克尼斯④、克里斯多弗·伊舍伍德⑤、理查德·赖特⑥、阿隆·科普兰⑦、简和保罗·鲍尔斯夫妇⑧。谢天谢地房子很宽敞。每个人都有自己的房间,还有一个大客厅,一个大餐厅,乔治的也是我的一个朋友吉普赛·罗斯·李⑨给我们找了个厨子。每个人都特地为我们准备了礼物,倒像是我们在办一场流水婚宴似的。这么多朋友都为我们高兴,一起来装扮我们的家,连三角钢琴都有,那是戴安娜·弗里兰⑩赠送的。终于,在好几年困窘的公寓岁月之后,我住进了一座舒适甚至是奢侈的房子。我的屋子是帝国绿色⑪的,陈设简单,连着一个小更衣间。我们分担各种费用,所以这房子不算昂贵。

威斯坦·奥登骨子里是个老师,他跟我谈起克尔凯郭尔⑫,我还第一次听到《诗人之恋》⑬这首套曲。各种各样的新东西让我有

---

① 威·休·奥登(Wystan Hugh Auden, 1907—1973),英国出生的美国诗人。
② 本杰明·布里顿(Benjamin Britten, 1913—1976),英国作曲家。
③ 彼得·皮尔斯(Peter Pears, 1910—1986),英国歌唱家。
④ 路易斯·麦克尼斯(Louis MacNeice, 1907—1963),爱尔兰诗人、作家。
⑤ 克里斯多弗·伊舍伍德(Christopher Isherwood, 1904—1986),英裔美国小说家。
⑥ 理查得·赖特(Richard Wright, 1908—1960),美国黑人作家。
⑦ 阿隆·科普兰(Aaron Copland, 1900—1990),美国作曲家。
⑧ 保罗·鲍尔斯(Paul Frederic Bowles, 1910—1999),美国作家;简·鲍尔斯(Jane Bowles, 1917—1973),美国女作家。
⑨ 吉普赛·罗斯·李(Gypsy Rose Lee, 1911—1970),美国女演员。
⑩ 戴安娜·弗里兰(Diana Vreeland, 1903—1989),美国时尚专栏女作家、编辑。
⑪ 亦称镉绿色,是一种浓绿,比原绿色蓝而淡,比薄荷绿色蓝、亮而浓。
⑫ 索伦·奥贝·克尔凯郭尔(Søron Aabye Kierkegaard, 1813—1855),丹麦哲学家。
⑬ 舒曼的声乐套曲,歌词取自海涅的诗。

些招架不住了，我就到吉普赛那儿去躲清静，她那里最复杂的事情之一不过是，如果你到院子里去看见了几个挺可爱的青苹果，"我今晚就做一个果馅奶酪卷"。

我妈妈到纽约来的时候见过吉普赛，很喜欢她，但是不喜欢安妮玛丽。

尽管布鲁克林高地令人兴奋，或者不如说正是出于这个原因，我总是想家。于是一天有人建议我到雅都①去，那里靠近纽约的萨拉托加泉，是文艺界人士的一个聚居地。那儿很安静；中午时分有人把午餐送上门，人们在晚餐的时候才见面。后来有几年的时间，那里成了我的避风港。萨拉托加老城对我这颗思乡的心来说非常亲切，还有那家老式的美国酒店和新沃顿酒吧，每天下午我都会乘雅都的旅行车到那儿去喝鸡尾酒。我在那儿遇见了很多名人：凯瑟琳·安妮·波特、艾迪·纽豪斯②、约翰·契弗③、印尼巴厘岛音乐研究权威科林·麦克菲④，还有很多其他人。也就在那个夏天，我认识了威廉·梅耶尔，他后来成了我的朋友和医生，直到他去世。

夏去秋来，大家常一起散步，走很远的路。仲秋天气已带凉意，行走中常可以看到又大又圆的月亮，艾迪·纽豪斯给《纽约

---

① 雅都（Yaddo），纽约一处庄园所在的地名，一译沙都，源自庄园主楼原主人小女儿说"阴影（shadow）"一词时不标准的发音。（见冯晓明译弗·斯·卡尔著《孤独的猎手：卡森·麦卡勒斯传》[上海三联书店2006年版] 第161页）此地后由一个公司管理，为艺术家提供短期创作生活环境（我国作家老舍亦曾在此居住），成为艺术（家）聚居地（Arts Colony），类似现在的艺术园区。
② 艾迪·纽豪斯（Eddy/Edward Newhouse，1911—2002），匈牙利出生的美国作家，《纽约客》长期特约撰稿人。
③ 约翰·契弗（John Cheever，1912—1982），美国作家。
④ 科林·麦克菲（Colin McPhee，1900—1964），加拿大作曲家、音乐理论家。

客》(The New Yorker)写短篇小说，也非要我给《纽约客》写点东西不可。于是有一天我写了个短篇，叫《骑师》(The Jockey)。我记得用了两天时间，艾迪很满意，《纽约客》也是。后来《纽约客》就开始退稿了，我想得起来的就有很多次，因为《纽约客》是有某种风格的，我不得不说，那种风格并不适合我。尽管如此，他们还是按字数给了稿费，而且比哪一家都给得多，所以他们后来给我提供了一份合同，要我专门为他们写稿，我接受了。

那个时候，我的代理人状况正如他们在新闻中说的那样，非常不稳定。起先我有个代理人马克西姆·利伯①，他突然跑到墨西哥去了，结果我的文件档案整个处于混乱状态。然后就是第二年夏初的时候，我收到一封信，来信的是位剧作家，我听说过但是没见过。这就是田纳西·威廉斯②，他说他身体很不好，担心自己来日无多，想在有生之年见见我。我回了信，不久后就到楠塔基特岛他那里去了。

1946年的夏天灿烂无比。这是一个充满阳光和友谊的夏季。每天上午我们在同一张桌子上工作，他在一头，我在另一头。他在写《夏日烟云》(Summer and Smoke)，我开始写《婚礼的成员》剧本，这部作品1946年以小说形式出版。我把自己和利夫斯之间的状况告诉了田纳西。正巧，玛戈特·冯·欧佩尔（Margot von Opel）住在岛上的斯康塞特村里，她是实业家欧佩尔的妻子，总是帮安妮玛丽挑衣服的那位朋友就是她。田纳西和我差不多每天

---

① 马克西姆·利伯（Maxim Lieber，1897—1993），波兰犹太人移民，文学作品代理人、编辑，后回到波兰。
② 田纳西·威廉斯（Tennessee Williams，1911—1983），美国剧作家。

都要吃"卡森土豆";这是我配的菜谱,就是烤土豆碾成泥,拌上黄油、洋葱和奶酪。长时间游泳以后,这就是一顿好饭。后来为了打破这种单调的搭配,玛戈特请我们去吃晚饭,她是个烹饪高手,这顿饭结果就成了高级烹饪术的演示。玛戈特自己养乳猪,田纳西不知中了什么邪的时候,就给小猪喂威士忌,弄得这些猪发狂。然后就是大猪小猪满地乱跑乱叫,终于恢复和平的时候,就是——美味的晚餐。

我游泳游得很好,而田纳西是出色;他总是游出很远,有的时候我真怕他淹着。海面平静下来的向晚时分,有时我弹琴,有时田纳西读诗;哈特·克莱恩[1]是他最喜欢的诗人。正是田纳西把我介绍给了他的代理人奥德丽·伍德[2],我发现这人比较盛气凌人,但我忍了,直到我可以定下来另一个代理人为止。我的律师弗罗莉亚·拉斯基(Floria Lasky)是我二十年的好友和法律顾问,后来她终于给我找到了一个合适的代理人。对弗罗莉亚·拉斯基,我找不出任何赞美的话可以配得上她。一个极为难缠的家伙[3]起诉我,要我赔偿五万元,弗罗莉亚就在这个时候成了我的律师。按法律程序,田纳西和我都出了庭,宣誓证明《婚礼的成员》是我在他楠塔基特岛的家里写的。这场官司自然是我赢了。此后我们再也没有就任何事情被迫打过官司,而这次相识之后,我们和弗罗莉亚及她的家人之间成为多年的朋友。

和玛戈特见面的事让我想起了安妮玛丽和战争年代。1941年,

---

[1] 哈罗德·哈特·克莱恩(Harold Hart Crane,1899—1932),美国诗人。
[2] 奥德丽·伍德(Audrey Wood,1905—1985),美国文学和戏剧代理人。
[3] 格里尔·约翰逊(Greer Johnson)。

利夫斯加入了第二突击营,这是一支特遣部队,作战方式很像特种兵。

1943年赴海外前,他给我写了一封信,恳求我到他们驻扎的港口去见他,这样我们之间的情感纠纷就有可能和解。在战争氛围的推动下,我去了,在迪克斯堡和他共度了几天。然后他被派往英格兰,到诺曼底执行了三次特殊任务。我没完没了地为他担心,每天都给他写信。他也是一有空就写信。(插入战时信件)[1]

*

那几年愤怒和灾难不断,其间我父亲突然死于冠状动脉血栓。他是1944年在他的珠宝店里去世的。他手里拿着一份《纽约客》,准备带回家给我妈妈看,那里面有我的一个短篇。妈妈给我打电话,我妹妹在纽约,我们见了面,然后一起回家。

我父亲的葬礼上发生了一件可怕的怪事,就像弗兰纳里·奥康纳[2]小说里的事情那样不可思议。第一浸礼会教堂的常驻牧师休假,也许是因为这个缘故,就莫名其妙地出了错。执行牧师问我妈妈仪式上用哪一首赞美诗,她说用第二首,因为她以为那是第一〇三首。其实她沉浸在悲痛中,根本就没听牧师说话,只是一味地以为是"耶和华是我的牧者"那一首。她完全搞错了,而那位替补牧师不了解我家的情况,他尽职尽力表示了反对意见之

---

[1] 自传打字稿上麦卡勒斯标记着要在此处插入她与利夫斯·麦卡勒斯在第二次世界大战期间的来往信件。见本书正文后面的卡森与利夫斯·麦卡勒斯二战通信。

[2] 玛丽·弗兰纳里·奥康纳(Mary Flannery O'Connor,1925—1964),美国女作家。

后，还是继续下去了，读了那可怕的一首——"罪人的赞美诗"。我父亲家族的人也到南方来出席葬礼了，我们商量的结果是，妈妈跟我和丽塔①在纽约郊区找个房子住在一起。

我知道有这种地方，因为我到纽约新城去探望过亨利·瓦纳姆·普尔②和贝茜·布鲁尔③。于是我请他们帮忙找一个合适的地方，他们找到了，在纽约的奈亚克。

妈妈卖掉了家传的珠宝店，这样就可以付现金买下奈亚克的房子。我们搬到了奈亚克的一套公寓里，紧挨着我现在住的这座房子，我的余生大概都要住在这里了。我妈妈买下来的这座房子有三层，老式维多利亚风格的，非常漂亮，还带一个花园。

在这座房子里安顿下来以后，我可以继续关注战时新闻了，情况不好，因为我刚听说利夫斯受伤了。我情不自禁地感到高兴，因为这就意味着他要从前线撤下来了。可我还是想知道他伤得怎么样，后来他弟弟汤姆从英格兰回来，告诉我说他伤在胳膊上，很快就要回国了。

他一回到奈亚克，就开始了猛烈的攻势，要求我和他复婚。

我说："第二次结婚太俗气了。"

我当然很高兴见到他，不过我说："咱们不结婚做朋友要好得多。"可他的目标就是结婚。

我和大艺术家亨利·瓦纳姆·普尔说了此事，问他有什么建

---

① 卡森的妹妹玛格丽塔·加歇·史密斯。
② 亨利·瓦纳姆·普尔（Henry Varnum Poor, 1887—1970），美国雕塑家、画家、设计师。
③ 贝茜·布鲁尔（Bessie Breuer, 1893—1975），美国记者、作家，亨利·瓦纳姆·普尔的妻子。

议，他说他无能为力。我还和我的医生，也是精神科专家威廉·梅耶尔谈过，他只是说："男人不会因为一场战争改变本性的。"

我一直希望利夫斯会因为有了那些经历而发生某种奇迹般的改变。他身上挂满了彩色军功绶带，我们沿街走去，人们都看他。这当然让我印象深刻。他满口甜言蜜语，我都忘了当初为什么和他离婚了。

我去和我的一个朋友同住，她叫卡罗琳·贺[①]，是我在三艺会社认识的。住在那儿期间，我想去看看南茜[②]，也是三艺会社的一个朋友，可不知为什么利夫斯很不愿意让我去。结果有一天，我们在第五大道一辆公交车上吃着樱桃，他说他和南茜曾经是恋人，可他现在对她一点儿都不在乎了。我没法理解这两句话怎么能一块儿说出来。

我和利夫斯离婚的真正原因是，我爸爸有一天给我往雅都打了个电话，他知道我对钱很在意，电话里他告诉我说，我的银行账户严重透支了。对我来说这有点不可思议，因为我只开过几张小额支票，不过我对我爸说，我会回来一趟，把误会搞清楚。我到家后，银行的出纳员说："这是做得很巧妙的伪造支票案，我怎么会知道谁会伪造我的签名呢？"[③]

利夫斯是唯一能拿到我的支票本的人，有两个朋友都说他们的支票没有得到兑付，这么一来事情就清楚了，利夫斯病得很严重，需要更多的帮助，而我能力有限。我把这件事对他摊开的时

[①] 可能是卡罗琳·贺伯林（Carolyn Haeberlin），和卡森一样住在三艺会社。
[②] 可能是南茜·沃伦（Nancy Warren），也住在三艺会社。
[③] 原文如此。这应该是卡森自己说的话。

候，他泰然自若，完全否认。我去找了一位律师，对他说了事情的原委，然后我们几乎是马上就在市政厅办理了离婚手续。乔治就是在那个时候为我在布鲁克林提供了一个安身之处的。那是1940年。

战争在继续，利夫斯入了伍，我情绪紧张得疲惫不堪，便回到佐治亚的家里。旧式的老家多美啊，那棵冬青树是城里最漂亮的。我带回来一些唱片和书。《金色眼睛的映像》刚刚出版，加上随后的宣传活动，在城里引发了不小的震动，特别是在附近的驻军基地本宁堡。人人都指责我写了某某某，弄得我不得不解释说，我没意识到基地的风气那么糟糕。现在我想说一下，所有的人物都是虚构的，《心是孤独的猎手》也是同样。

三K党甚至给我打电话说："我们就是三K党的，我们不喜欢黑鬼情人或者黑鬼仙女。今天夜里要你好看。"

我自然是给我爸打了电话，他扔下工作，带着个警察来了，给我守夜。就在这个时候，我两肺突发严重的肺炎，还发了丹毒。我昏迷了好几天，事后才说："爸，我病倒的时候，你和警察两个在搜房子周围的树丛是吗？"

他解释了一番当时的情况，因为我已经把三K党的恐吓电话全忘了。

这时又有一件可怕的怪事在我身上发生了。我的习惯是早上六点和我爸同时起床，捡几块煤生火，然后和他一起吃燕麦做的早餐。一天早上，爸说："宝贝，去看看几点了。"我去看了看钟，可是尽管我的视力很好，我却看不懂那些数字。我回到桌旁坐下。

我说："爸，我好像出毛病了。"

我的话说得也有点结巴，但还是能说出来："大概就是有点神经衰弱吧。我想最好给梅耶尔医生打个电话。"梅耶尔医生是我的一个好朋友，在纽约开业行医，我认识他有几年了。

于是我爸在办公室给他打了电话，威廉给的建议只是要静而又静。不要沾药品、酒精和任何带毒的东西；就是休息。我在床上躺了几天，经医生允许后，才到院子里去。我想看看书，发现什么也看不懂。妈妈把这归罪于我一直在看的《罪与罚》①，就把这本书拿走了，可其实那会儿什么书我都看不明白。不久我可以给医生打电话了，就问这种情况会不会是永久性的，他让我放心，说不会的。这样，我在休息中度过了那可怕的几个月，祈祷着我的理智回归。

然后一件神奇的事情发生了，我构思了《树。石。云。》(*A Tree. A Rock. A Cloud.*)，很快坐到打字机旁开始写。恐惧突然消失了，就像恐惧突然出现那样。我记得写完《树。石。云。》，我忍不住哭起来，满怀着感恩和激情，可是我整个青春期直到二十九岁的生活里都纠缠着我的那种险症已经无法根治。害怕中风成了我生活中的常态。

我身体恢复了，而且是完全恢复，随后我回到了布鲁克林，写了几篇文章，用稿费来支付医疗费；其中一篇是《家住布鲁克林》(*Brooklyn Is My Neighborhood*)，发表在 1941 年 3 月的《时尚》(*Vogue*) 上。

布鲁克林的沙街在我心中总能引起亲切的记忆，其中夹杂着

---

① 《罪与罚》(*Crime and Punishment*) 是俄国作家陀思妥耶夫斯基的小说。

对沃尔特·惠特曼①和哈特·克莱恩的往事联想。正是在沙街的一个酒吧里,和威·休·奥登、乔治·戴维斯在一起的时候,我看见了引人注目的一对,深深为之吸引。那是顾客中的一个女人,又高又壮,像个女巨人,身后跟着一个矮小的驼背。我只是观察了他们这么一次,直到好几个星期之后,《伤心咖啡馆之歌》的启示才突然击中了我。

启示源自何处?于我,即源自长时间的探索,同时让自己的灵魂随时待命。然而启示出现时如电光石火,像一种宗教现象。《心是孤独的猎手》就基于这种启示,由此开始了我对故事本质漫长的探索,这启示不断的闪光也照亮了随后漫长的两年时间。

有一次过感恩节,当时我已经回到布鲁克林高地去住了,那天开始的时候很糟糕。我对数量和计算从来就不敏感,所以买了一只个头很小的火鸡,而我的客人名单上有二十来个人。乔治很轻蔑地看了我几眼,捡起那只火鸡拿到屋外去,换上了一只硕大无朋的,这才够用了。我记得我们的客人中有阿隆·科普兰、吉普赛·罗斯·李、一个完整的俄罗斯芭蕾舞团,还有我们常住的一大家子人。我们正在喝白兰地和咖啡的时候,响起了消防车的声音。吉普赛和我赶紧跑出去,看着火的地方是不是在我们附近。我们没发现火,但是长时间享用精心制作的晚餐之后,新鲜空气让我的头脑清醒起来。我突然屏住呼吸,对吉普赛说:"弗兰淇爱上了她哥哥的新娘,想加入婚礼。"

"什么呀!"吉普赛惊叫一声,因为在此之前,我从来没提到

---

① 沃尔特·惠特曼(Walt Whitman, 1819—1892),美国诗人。

过弗兰淇,也没说过我正在苦苦思考如何理顺《婚礼的成员》中的关系。在此之前,弗兰淇只是个爱上了音乐老师的女孩,这个主题太老套了,可是一闪而过的启发点亮了我的灵魂,作品顿时豁然洞开。

"什么嘛!"吉普赛又叫了一声,"你说什么呢?"

可我没法跟她解释,只说了一句:"噢!没什么。"

我晚上经常和吉普赛在一起,她很好相处:机敏,善良,很通情达理,还非常安分守己。有时我和她一起去剧院,但是通常我都睡得很早,因为我起得早。黎明前后有好几次,有人轻轻敲她的门,她会开门让那个人进去。这是个长相很一般的男人,但他身后总有两个壮汉,像是贴身保镖。吉普赛向我介绍他的时候称他为韦克斯勒先生。

"这是谁?"他问话的语气中带着几分恐惧。

"我一个朋友。"

我回到床上,看着城市中破晓时分银色的微光。然后我朝下看去,看见一辆长如灵车的轿车,大门口还有两个壮汉。我不禁好奇心大起。

终于有一天,我问吉普赛:"韦克斯勒先生是什么人?"

"他是个很孤独的人,"她说,"他告发了什么人,给送到新新[1]去了。知道什么意思吧?他刚出来。"

"你怎么会认识他的?"

"我小的时候他对我很好;逼着我妈给我矫正牙齿,就这种

---

[1] 纽约州的新新监狱(Sing Sing)。

事吧。"

"可他到底是什么人?"我还是要问。

"你真想知道啊,他叫韦克西·戈登①,是黑帮。"

我从没听说过此人,可我也不再问了。几个星期以后,他在吉普赛家附近中枪倒地。

上天赐给我的《伤心咖啡馆之歌》这道光让我重新开始了写作,为了集中精力,我回到了佐治亚的家里。我妈妈很难理解我想家的程度。

"哪个人像你这样有这么出名的朋友啊,可你就想跟你爸爸和我死守在这儿。"

我爱我的家,还有家里的花园和那些熟悉的旧家具。我在哥伦布有几个朋友,海伦·哈维和凯瑟琳·伍德拉夫(Kathleen Woodruff),还有其他几个,但是我多半都是早上六点就起床,然后写一上午。我自己卧室里有一架钢琴,下午多半是弹琴或者看书。偶尔有个朋友来看我,我们就一起出去玩,不过总体来说,哥伦布给我的是我工作必需的那种安宁和平静。

毫无疑问的是,我在等,因为整个世界都在等。等战争的各种消息。不时有本宁堡的军人来访。有一次来访的军官说:"一口气飞到墨西哥湾去,然后回来吃晚饭,你觉得如何?"听到这个提议,我脸上的恐惧一定暴露无遗,因为我有严重的恐高症;我什么也没说,只是乖乖地把话题转到我们面前的冰茶和夹心面包上

---

① 韦克西·戈登(Waxey Gordon,1888—1952),原名欧文·韦克斯勒(Irving Wexler),美国黑帮大佬。

去了。

埃德温·皮科克在阿拉斯加，利夫斯在一个未知的地点。我等着电报，每一封电报都让我发抖。

埃莉卡·曼说服了安妮玛丽去韦斯切斯特的一家医院看病，希望那儿的医生能治好她的毒瘾。我刚回到家也就一天吧，一封电报来了。不是让我害怕的关于利夫斯的电报，但是几乎同样让我揪心。"逃离快乐风景①。住弗莱迪②处。（弗莱迪是我们共同的老朋友。）现在怎么办？"

我收拾起几乎还没打开的旅行包，坐上火车，到了纽约弗莱迪的公寓。安妮玛丽突然到来，弗莱迪没地方安置她，就挂起一幅床单，在他会见客户的工作室里给安妮玛丽隔出一个小间。我到的时候，安妮玛丽正在弹莫扎特，同一段曲子弹了一遍又一遍。她让我给好多人打电话，其中有玛戈特·冯·欧佩尔，甚至还有吉普赛·罗斯·李，实在不可理喻。

我想让她平静下来，可她没心思听人说话。我去和弗莱迪坐了一会儿，商量看怎么办。我们正轻声交谈着，安妮玛丽冲进弗莱迪的卫生间，嘭的一声关上了门。弗莱迪和我坐在那儿呆住了，惶惑不安，这时只见卫生间门下缝隙中流出细细的一股血水。弗莱迪开始撞门，想冲进去，同时对我说："去找个医生来。"

我跑下楼去找医生，慌乱中撞上了一个送特快邮件的人，他说："着什么急呀？"

---

① 快乐风景（Blithe View），大概是医院名。
② 弗莱迪（Freddy）身份信息未知。

我说:"告诉我附近哪儿有医生,刚才有个朋友要自杀。"

他从我身边跑过去了,我只好自己去找医生。敲了好多间公寓的门,终于找到一个,可我到他办公室去,他却出门了。于是我回到弗莱迪的住处,看还能做点什么。我走进公寓,却看见里面有十来个警察,安妮玛丽扭头对我说:"你干吗叫警察?"

"我没叫。"我说。我心烦意乱,不想多解释。他们要把她带走送到贝尔维尤医院①去,她不愿去。我不顾一切地说:

"你们这些警官没见过受伤的人和残疾人吗?这个姑娘离乡背井,举目无亲,正在经历战争,回不了家,痛苦极了。你们没有过亲戚朋友太痛苦了一时想不开的吗?"

说话间,接到电话赶来的她自己的医生一直在给她缝手腕上的伤口,她用那只好手紧紧地抓着我。

"有点同情心吧,我相信你们有,换了我就会让她自己的医生来处理她的事,人家会做得更好。他是德国人,和这个姑娘说一样的语言,他能理解她,会好好给她治的。"

她的医生看了我一眼,实话实说,他眼中是一种陌生和恨意,因为他根本不知道怎么回事,我又是谁。

弗莱迪对我说:"回家去吧,宝贝。"

我走出门,安妮玛丽跟了上来。"谢谢你,亲爱的②。"说着她吻了我。这是我们第一次也是最后一次相互亲吻。

很久以后弗莱迪告诉我,那些警官不得不把她拖下楼,因为

---

① 纽约市一家公立医院。
② "亲爱的"原文是德文。

她拼命抓住那一根根栏杆不肯松手。我受不了这种场面。

一进贝尔维尤医院，她就成了病人中最和气、最配合的一个。她关心其他病人的需要，鼓励他们，可她给我写信说，她过不了医院里的生活，所以决定离开美国到里斯本去。如愿之后，她就不知道该干什么了。最后她加入了自由法国①，在刚果和戴高乐的部队一起工作，一个当地人在那儿为她制作了一尊塑像。我们共同的朋友约翰·拉·图什②提到了这座塑像，说他巴不得把这座像带回来给我，但是当地人把它像某种部落里的神一样供奉着。

让我大为宽慰的是，她在信里说，她要取道里斯本回瑞士去了。她希望在那儿的一座小农舍里工作生活，那是她父亲给她买的，是她心目中永远的家。我们来往信件很多，她总是说起又到哪儿去了，按她的脾气又总是和战争有关，而我总是希望上帝让她待在家里工作。她最后几年的信全都条理清晰，完全理智，一点儿受吗啡影响的痕迹都没有。实际上我都觉得她不可能恢复得这么好，哪怕她很希望如此。她有过多次非常可怕的经历，她会在信里跟我说，比如她有一次从刚果来的信里写道："我看见了一个又老又丑的女人，她杀掉了她的丈夫，把他吃了。"尽管如此，她的毒瘾一定是完全治愈了。她的信写得充满力量，富于诗意。

> 我从利奥波德维尔沿刚果河北上，在一条内河用的小船里过了七天，白天黑夜都看着那些丛林，我感到

---

① 二战中戴高乐将军领导的法国抵抗力量。
② 约翰·拉·图什·特里维尔（John La Touche Treville，1917—1956），美国歌词作家、歌剧词作家。

非常害怕。这丛林就像绿色的海洋，河两边都是绿色的墙，四周全是绿色，没有开阔地，没有地平线。随后我在河边的一个驻地待了大概十二天，驻扎在那儿的四十个白人里，就没有几个不是喝酒喝到无可救药那个程度的——他们已经无所谓了。然后我又走了差不多两百英里，穿过丛林，这才到了莫兰达，在这儿，我发现一片广阔的土地清理得干干净净，种上了作物，居住者只是两个白人。我得到了一座茅草屋顶的大房子，只供我一个人使用，而我立刻就学会了抵抗这种枯燥疲惫的忧郁心情，管它什么天气，管它什么孤独，管它所有这一切——就像骄傲在流淌，像在学习着最基本最简单的生活规则。

她写了很多文字优美的信，最后一封发自瑞士。

  永远感谢你。我要是能回去，我会征得你的同意，翻译《金色眼睛的映像》。卡森，记住我们相互理解的时刻吧，我多么爱你啊。不要忘记极为重要的工作义务，绝对不要受诱惑，写吧，还有，亲爱的，好好保重，我也会的。（我在锡尔斯只写了几页，你会喜欢的，）还请千万不要忘记是什么深深地打动了我们。

  你的安妮玛丽，奉上满怀的深爱。

  我想她身上存在着两面：一面是很想以记者身份服务于战事；

另一面的愿望同样强烈,那就是住在锡尔斯-玛利亚[①]她自己的家里,继续写她的诗。

大约就是在这个时候,我收到克劳斯·曼[②]发来的一封电报,说安妮玛丽的自行车摔下了山谷,她摔得失去了知觉。她在苏黎世的一家医院去世,一直都没有醒过来。

我当时正独自住在雅都的一座小房子里,尽可以放纵我的悲痛和回忆。我说了不少她吗啡成瘾的事,有很多年,这对她都产生了可怕的影响,可我想补充的是,即便在这样严重的不利条件下,她还是获得了苏黎世大学的哲学博士学位,而且在危机时刻,她随时准备并且心甘情愿去履行那些甚至是超出她能力的义务。我不知道还有哪位朋友让我爱得这样刻骨铭心,她的突然去世又会让我这样悲痛。

在写《婚礼的成员》过程中,我脑海中突然像遭电击一般,想起了那个驼背和那个女巨人。我有种强烈的冲动,要放下《婚礼的成员》去写那个故事,于是我回到佐治亚,开始写《伤心咖啡馆之歌》。那个夏天很热,我记得我一边打字,汗水就从脸上淌下来,心里还在着急,担心为了写这部中篇,《婚礼的成员》要违约了。写完后,我从打字机里一把抽出稿子,递给我父母。他们看稿子的时候,我出去走了好几英里,回来后从他们脸上可以看出,他们喜欢这个故事。这一向是我父亲最爱干的工作。

让人疲惫不堪的暑热过后,秋天终于来了,我常步行到我家

[①] 瑞士名胜,有锡尔斯湖。
[②] 克劳斯·曼(Klaus Mann,1906—1949),德国作家,托马斯·曼的儿子,埃莉卡·曼的弟弟。

Illumination and Night Glare

附近的一座小山上,捡拾山核桃放在皮夹克的口袋里。全家都盼着烤水果蛋糕的日子,那是家里的一件大事,妈妈会烤十几个巨大的蛋糕,分送给亲戚们。

很可能就是在这个时候,一场火灾把我们家烧毁了。我正在床上看陀思妥耶夫斯基的书,突然听见一种爆裂声。我以为是我弟弟和他那些朋友在玩,就说:"小声点兄弟,我都没法看书了。"

这时我卧室的天花板开始冒烟,有碎渣子往下掉。我跳起来,跑到隔壁房间去拉警报。谁也不知道火是怎么着起来的,除了女仆露西尔,可能是她回家前把一些垃圾倒进炉子里去了。

有三四个月的时间我们无家可归,住在城里的一套公寓里。然后老房子重建起来,到那会儿我们对公寓已经是讨厌极了,就高高兴兴地回了家。

尽管有这场火灾横生枝节,我还是可以把《伤心咖啡馆之歌》的稿子送出版商了,玛莎·弗利[1]把它收进了《1944年美国最佳短篇小说》(*The Best American Short Stories of 1944*)。

*

"启示"这个词我用了好几次了。这可能会起误导作用,因为太多的时候其实我是心惊肉跳,处于完全"无启无示"即没有思路没有灵感的状态,生怕自己再也写不出东西来了。这种怕是一个作者生涯中可能遭遇的诸多恐惧之一。作品从哪里来?什么机

---

[1] 玛莎·弗利(Martha Foley,1897—1977),惠特·伯内特[(White Burnett,1900—1972),美国作家,《小说》杂志创办人]的妻子,和他一起创办了《小说》杂志。

043

遇、哪件小事能启动创作的长链?

我写过一个短篇,讲的是一个作家写不出来了,我的朋友田纳西·威廉斯说:"你怎么敢写这种故事,这是我看过的最吓人的作品了。"[1]

我写那个故事的时候,心绪深陷于其中,写完后真是高兴极了。还请耐心的读者原谅,我想回顾一下那些启示是如何出现在我身上的。《心是孤独的猎手》是在经历了好几年的挫折之后,我在地毯上来回踱步,突然意识到辛格是个聋哑人。《婚礼的成员》则是,感恩节下午突发火警,我跑到街上,一顿大餐后冷风一吹,不知怎么回事,莫名其妙地就心里透亮了。《没有指针的钟》条理比较清楚,我甚至写了几页纸的提纲来提醒自己,所以各种启示极多,而不是只有一次。《金色眼睛的映像》的来源是,我丈夫无意中说起,附近的基地里有个好偷窥的人。那会儿利夫斯的一只脚感染了,我在照料他,结果去市场买东西的时候困得靠在柜台上睡着了。市场里的人把我送回家的。《树。石。云。》是我病了很长时间以后的事,我真的捡起了一块石头,看着一棵树,然后突然间就有了想法,很神。关于启示我不再多写了,因为太神秘了,也因为对这些启示我懂得并不比读者多。我只是为之着迷。我解释不了,我只能说,就我而言,这些启示是我用了几个月或者几年时间苦苦思考一部作品之后出现的,随后又是几个月或者几年时间,直到作品完成。

有人问过我,写作过程中是否注意到作品的质量。我会说,

---

[1] 《谁见过风?》(Who Has Seen the Wind?),发表于1956年9月号《女士》(Mademoiselle)杂志,麦卡勒斯的剧作《美妙的平方根》即以这个短篇为基础写成。

我只顾忙着写，写完之前根本顾不上评判。然后我有个挺不错的主意，不过批评家们的看法当然很可能正相反。我从来不看和我相关的评论。如果评论说好，我可能会昏了头，如果评论不佳，我会心情压抑。所以何必呢？当然了，朋友们会把过滤后的消息告诉我，让我对情况有个比较准确的了解。

还有人问我，我怎么知道写到书的结尾了。我一般都是最后几章还没影儿的时候早早地就把结尾写好了，所以这一点不成问题。《没有指针的钟》我就是先写的最后一段，但《心是孤独的猎手》大体上是按先后顺序写的。

回头来看"无启无示"这种状态，那时的灵魂是扁平单调的，人甚至连希望都不敢有。这种时候我曾经试着祈祷，但是就连祈祷好像都不起作用。我记得别的作者也有休眠的时候，就从他们那里寻求安慰。

无论是病中还是健康状态下，我都希望能够写作，因为说实在的，我的健康几乎完全仰仗我的写作。

*

对我来说，这段时间就是等待。所有的医生都认为，我那条有残疾的腿必须截肢。他们现在还做不了，因为几个医院都没空，而我还得等哈克尼斯馆医院① 我自己的医疗团队。于是在炫光迷乱的夜晚，我责怪医生为什么要我等，责怪我的腿为什么这么

---

① 哥伦比亚大学医疗中心的一个医疗机构。

疼。我读过莎拉·伯恩哈特[①]的书,她出众的果敢和勇气安慰了我。他们要切掉那条腿,好让我行动更自由一些,从床上移到轮椅上也更容易一些。我已经整理出一个旅行计划。首先,到我的医生玛丽·默瑟博士家去,和我同去的是我忠实的艾达·里德尔,她总是陪着我。今年也就是 1967 年春天,我在爱尔兰约翰·休斯顿[②]先生家里度过了一段非常美好的时光,他请我再去,什么时候都可以,所以我准备腿一痊愈就再去看他。我这些旅行还都只是在脑子里计划着,我曾提出想去拜访的人都非常欢迎我去。也就是说,三年卧床之后,我又可以出门旅行了。

*

整个二战期间,利夫斯在信里不停地说结婚的事。我对再婚还是不太情愿,尽管这件事在我们的信中总是占据最重要的位置。我想如果我和利夫斯只是保持着一种互不拥有的朋友关系,他的生命就不会以这样惨烈的方式结束。但是他十分坚决地要拥有我。举个例子吧,我的医生说我需要度个假,所以我准备到英格兰去,我上了一条船,但是在船上第一天走出房间散步的时候,我眼角的余光就看见一个人有点像利夫斯,我想我是一个人在这条船上的,就没在意,还想着这次利夫斯真是把我逼得脑子有毛病了,

---

[①] 莎拉·玛丽-亨利耶特·伯恩哈特(Sarah Marie-Henriette Bernhardt,1844—1923),法国女演员。
[②] 约翰·休斯顿(John Huston,1906—1987),美国电影导演、编剧、演员。1967 年他执导了卡森·麦卡勒斯的《金色眼睛的映像》。

到伦敦后我得去找个精神分析师。第二天、第三天，这个幽灵又出现了，还有一封信，说他在这条船上，我要是不跟他和好，他就从船上跳下去。这种威胁和感情勒索成了每天的固定节目。我要是不接受他，他就自杀；翻来覆去就是这句话。我犹豫不决，不知道该不该直截了当地跟他说实话。我一直都很怕他真的会去做他威胁说要做的事，而最终他还就是那么做了。我不得不像对待一个惯坏了的顽童那样对待他，事事退让，所以我们婚姻的尊严很快就毁损殆尽了。

我常想利夫斯的事。首先，他是一个破裂家庭的产物，可他甚至利用这一点博取我的同情。还有一件事是，麦卡勒斯家没有一个人是老实的。我们在国外的时候，我让他妈妈使用我在奈亚克的房子，她把我的铃兰花全都拿走了。还有一张一百多年的床。她还把我的灯泡全都摘下来，给了她的女儿。我觉得利夫斯倒是老老实实地继承了这种不老实。

虽然我喜欢乘船旅行，但是和利夫斯同行把我在船上的乐趣全都破坏了。到伦敦以后，我总算是说服了他回家去，别跟着我了。他回去了，和我妈妈住在一起。

在伦敦的时候，我见到了我一个出版人的妻子，她是精神分析师，说六个月内就能把我治好[1]。我本应该听取这种建议的，可我也说不清出于什么原因，接受了圣乔治医院的催眠治疗。田纳西在伦敦和我会合，他觉得催眠术的整套理念完全没有道理，可

---

[1] 凯瑟琳・哈蒙德・科恩（Katherine Hammond Cohen），伦敦号灯出版公司（Cresset Press）丹尼斯・科恩（Dennis Cohen）的妻子。

是我很愿意把什么方法都试一试。倒霉的是，我的医生是个躁狂型抑郁症患者，后来自杀了。这番经历对我的健康既没有帮助也没有损害。

在伦敦期间，我写了长诗《双重天使》[1]，还见到了我亲密的朋友戴维·加奈特[2]和他的家人。同时，我和伊迪斯·西特维尔夫人[3]也成为了朋友，我们之间的友谊一直延续到她去世。我每天都到芝麻俱乐部去和她共进午餐，她是这个俱乐部的会员。我在那儿还见到了许多知名人士，比如戴维·盖斯科因[4]，当然还有奥斯伯特·西特维尔爵士[5]。

过了没多长时间，我就非常想家了，想我妈妈，田纳西安排我上了飞机。那次飞行中我记得最清楚的是空中的星星，还有我的困惑，不知拿利夫斯怎么办。

我刚回到家里，利夫斯就又开始说结婚的事。我不知道我为什么感觉亏欠了他的情意。也许只是因为他是我吻过的唯一男人，再加上我怜悯心的无限膨胀。我知道他对我不忠实，但我觉得没什么，我自己也不是特别具有女性特点的人。像我前面说到的那样，我们做一般朋友也许会幸福得多。可现实并没有那样发展。出于某种原因，当然是非我所愿，我们之间的联系又密切起来，我还没有搞清到底怎么回事，我们就复婚了。

---

[1] 完整标题为《双重天使：深思起源与选择》(*The Dual Angel: A Meditation on Origin and Choice*)。
[2] 戴维·加奈特（David Garnett，1892—1981），英国作家、出版人。
[3] 伊迪斯·路易莎·西特维尔夫人（Dame Edith Louisa Sitwell，1887—1964），英国诗人。
[4] 戴维·盖斯科因（David Gascoyne，1916—2001），英国诗人。
[5] 弗朗西斯·奥斯伯特·萨谢弗雷尔·西特维尔爵士（Sir Francis Osbert Sacheverell Sitwell，1892—1969），诗人、小说家，伊迪斯·西特维尔的弟弟。

利夫斯一如既往,还是待不住,他想回欧洲去。我说起他应该在国内找个工作,可这更是让他比任何时候都想走。于是1946年我们到巴黎去了。

起先我们和埃迪塔①、艾拉·莫里斯②夫妇一起住在他们离巴黎不远、十分壮观的城堡里。我想写作,可是不知怎么感觉不舒服,写出来的东西好像都不能让我满意。然后有一天,我注意到我的横向视觉出了问题。我马上意识到这是怎么回事了,可怕的中风再次发作。我去了巴黎的医院,医生确认了这个判断。他们说这是个非常特别的病例,因为他们从没听说过我这个年龄的人中风。我的视觉此后再也没有恢复正常。在医院住了没多久之后,我拿定主意要在法国有个自己的家。

那是我见过的最美的一块地产。那地方叫"教士古宅③",以前是神父住的。一座古老的石头房子,俯视着小小的教堂。果园里有李子树、梨树、桃树、无花果树、青梅树,甚至还有小胡桃树在风中簌簌作响。房子里居然还装了一种中央供热系统,这是一个美国人修复的,他在里面住过。我们找了一对为人非常好的法国夫妇打理家务,还找了个花匠。每个房间都有壁炉,我们那时有五条拳师犬,这些狗狗喜欢在壁炉前打盹,约菲夫人的厨房里飘出什么味儿的时候,就跳起来去看看是什么东西,然后回来再趴下。约菲夫妇按地道的法国习惯给我们准备丰盛的饮食。先

---

① 埃迪塔·莫里斯(Edita Morris),全名伊迪斯·达格玛·艾米莉亚·莫里斯(Edith Dagmar Emilia Morris,1902—1988),瑞典裔美国女作家。
② 艾拉·莫里斯(Ira Morris),全名艾拉·维克多·莫里斯(Ira Victor Morris,1903—1972),美国记者、作家。
③ 原文是法文(L'Ancienne Presbytere)。

是汤,然后是蛋奶酥①,接着是肉和凉拌菜,还有一道水果甜点。我曾经满世界找约菲夫人的菜汤食谱,可是没找到。房子很小,但利夫斯和我都有自己的卧室,此外还有间客房。

就在这个时候,利夫斯说他在写书,这让我很高兴,于是我在房子边上的小屋子②里给他收拾了一间工作室。每天他都按时到他的工作室里去"工作"。我发现他总是赶不上吃午饭,但是没去琢磨到底是什么原因,后来才意识到,他的工作室就在酒窖上面,这意味着,他想喝酒的时候,随时都可以端一杯上来,只要走下一段台阶就行了。还有更深一层的失望。说实话,他老说他想当个作家,可我从来没见过他写的一行字,除了信。利夫斯的脾气更暴躁了,一天夜里,我感觉到他用双手掐着我的脖子,我知道他要让我窒息。我狠狠地在他大拇指上咬了一口,血冒了出来,他才松开手。我备受折磨的最后那次中风完全可能就是那些日子里的失望和可怕经历导致的。

我离开教士古宅外出了几天以恢复平静,同时也想去看看住在巴黎的老朋友理查德和艾伦·赖特夫妇。就在那儿,我一个人在家的时候,发生了最后这次中风。我正要去卫生间,突然就倒在了地板上。起初我觉得我的左半边身体好像死了。我用右手去摸,能感觉到皮肤冰凉,又湿又黏。我大声喊叫,可是无人回应,人都不在。我躺在地板上,孑然无助,从晚上八点左右起过了一夜,直到黎明,才终于有人听到了我的叫声。他们赶快把我送到美国医院,那儿有我的好朋友鲍勃·迈尔斯③照料我。短暂停留

---

①② 原文是法文。
③ 鲍勃·迈尔斯(Bob Myers),即罗伯特·迈尔斯(Robert Myers)。

以后，又把我送上飞机回国，到了哥伦比亚长老会医院神经科学研究所。这是 1947 年的事，那次中风的后遗症从此再也没有离开过我。

天保佑我妈妈的心吧，她觉得牛排能治愈我的中风，于是我午餐牛排，晚餐牛排，有的时候甚至早餐也是牛排。终于有个医生对她解释说，吃什么和我的中风毫无关系。

"真是太奇怪了，"妈妈说，"就是很奇怪么。卡森去巴黎以前，是跑着上楼的，她在顶楼房间工作，我能听见她连蹦带跳地跑上去，然后冲下来吃午饭，她还喜欢走长路散步，我敢肯定，活动太多是她生病的一部分原因，不过谁知道呢？可巴黎，我听说他们一天喝三次葡萄酒呢，这可能也有关系。不过，我是真的不明白。"

妈妈不明白，神经科学院的医生们也不明白。

最后他们发现，我小时候发过一次风湿性心脏病，而过量的跑动还真给我的心脏增加了压力，造成栓塞。我躺在床上，左侧完全瘫痪，不能走动，也不能用左手，我开始深思，脑子里出现了很多次噩梦般的炫光。

然后我突然想起《婚礼的成员》剧本，初稿才刚写了个开头，于是我就集中精力开始做这件事。我做了几处小改动，那是把小说改成剧本都要做的那种变动，但总体上看，剧本完全忠实于小说。

我的好朋友威廉·梅耶尔找了个精神科护士来帮我处理稿子，到我能回家的时候，我就找了个秘书把手稿打出来。

这是份非常有意思的工作——唯一的麻烦是，这位秘书缺乏幽默感，我笑起来的时候只能自己笑，必须承认，这有点像中邪了似的。

"你没觉得这挺好笑？"偶尔我会问她。

"没有。"她都这么回答。

我继续独自笑着。

我的代理终于找到两个制作人，罗伯特·怀特黑德[①]和斯坦利·马蒂诺[②]，他们看到了作品中的美，愿意投入制作。一天，我的一位朋友贝茜·布鲁尔带了一个年轻姑娘来看我。她看上去很像弗兰淇，虽然她头发一点儿都没剪，但我能清楚地看到她扮演这个角色时的样子。

"你都演过什么？"我问。

"《爱丽丝奇境历险记》里的兔子，还有《日落海滩》[③]里的一个角色。"

说这话的同时，我们谈论着花园，我没提《婚礼的成员》，她也没提。

这是我第一次见到朱莉·哈里斯[④]，她一走，我就拿起电话，拨通了奥德丽·伍德小姐。朱莉也给她打了电话，问自己有没有机会扮演弗兰淇。于是制作人接触了朱莉，定下来她演这个角色，和她正式签了约。

---

① 罗伯特·怀特黑德（Robert Whitehead，1916—2002），加拿大出生的百老汇戏剧制作人，澳大利亚女演员佐伊·考德维尔（Zoe Caldwell，1933— ）的丈夫。
② 斯坦利·马蒂诺（Stanley Martineau），雕刻家，《婚礼的成员》一剧的助理制作人。
③ 《日落海滩》（*Sundown Beach*），贝茜·布鲁尔写的一部舞台剧，1948年上演。
④ 朱莉·哈里斯（Julie Harris），全名朱莉亚·安·哈里斯（Julia Ann Harris，1925—2013），美国女演员。

鲍勃·怀特黑德[1]亲自去了芝加哥，去找埃塞尔·沃特斯[2]小姐。鲍勃走进她的旅馆房间时，她正双膝跪在地上。

"我正在求上帝给我一个好合同。"她说。她看过剧本了，没看上，所以能不能让她相信《婚礼的成员》就是个好合同就看鲍勃的了。

"跟你说实话吧，我决不会为一个吃软饭的小男人工作。"

"麦卡勒斯太太不是吃软饭的小男人。她是个很著名的作家。"鲍勃继续说。

"可是弗兰淇那个丫头骂人，说脏话。"

能把弗兰淇这个角色向沃特斯小姐说清楚的只有导演哈罗德·克勒曼[3]。观众的笑声让埃塞尔意识到有些对白非常好笑，多亏了哈罗德，她把贝丽尼斯这个角色演得极为出色。

布兰登·德·怀尔德[4]是另一码事。我们分管挑演员的导演正在和几位演员朋友吃饭，忽然看见一个七八岁的男孩在地上玩。

"你想过当演员吗？就像你爸妈那样。"她问。

布兰登其实从没想过这事，但是经他父母同意，他试演了一下。在所有的演员里，他是第一个背会了台词的，也是最活跃的一个，还在更衣室和朱莉扮鬼玩。他从来没有上过舞台，第一天演出的时候乐队把他吓着了，因为他不知道还有这个，所以他就哭起来了。然后过了一会儿，他就开始驾驭角色，驾驭全剧，这

---

[1] 即罗伯特·怀特黑德。"鲍勃"是"罗伯特"的昵称。
[2] 埃塞尔·沃特斯（Ethel Waters，1896—1977），非洲裔美国女演员。
[3] 哈罗德·埃德加·克勒曼（Harold Edgar Clurman，1901—1980），美国演员、制作人，团体剧院（Group Theatre）的合伙人。
[4] 布兰登·德·怀尔德（Brandon de Wilde，1942—1972），美国演员。

部三段式赋格曲,就此在这位小天才的手中奏响。

上演之前,制作人要听取各方人士的意见,其中就包括那位已经和帝国剧院签约的先生。他们问他觉得这个戏怎么样,他不无怜悯地看看鲍勃和斯坦利说:"不管是这个剧院还是其他哪个剧院上演这部戏,都会给剧院带来严重的灾难。上帝保佑我们大家吧。"

在费城整个试演期间,我那种感觉都挺好笑,那是一种没完没了的憎恶。当然了,我把这归为仅仅是神经紧张,该干什么还是干什么,每天上午去看排练,听前一天晚上演出的总结,不过总结会上的情况都是利夫斯说给我听的,我自己实在不愿参加。费城新闻界的反响挺好,但绝非狂热。我放开手从剧中删掉了二十分钟的内容,估计正是此举挽救了这部戏。

但是 1950 年 1 月 5 日这个剧终于在帝国剧院正式上演以后,立刻就取得了惊人的成功。

我不敢去看首演,一晚上都在和弗洛伦丝·马蒂诺①吃纽堡②龙虾。晚餐后,我们在公寓里等。我们等啊等。到这会儿戏肯定演完了,我们想。后来我们得知,观众站起来把节目单抛向空中,兴奋得又是叫又是吹口哨。朱莉谢幕十三次,天知道布兰登和埃塞尔谢幕了多少次。首演那个晚上我要是在场会非常高兴的,那么没有勇气,我真是活该。1951 年 3 月 17 日,《婚礼的成员》在演出五百零一场以后终于收官,其间多次获奖,包括那个"剧评

---

① 弗洛伦丝·马蒂诺(Florence Martinear),助理制作人斯坦利·马蒂诺的妻子。
② 一种海鲜烹饪方法。

界大奖"。

首演第二天我立刻和妈妈一起回到了奈亚克的家里,她看了首演。她的评论是我好像登上顶峰了。

"我感觉像在地狱撞鬼呢,难受极了。"我说。

"别说脏话,宝贝。"

"可我就是难受嘛。"我说。

于是她给医生打了电话。医生给我检查了一下,医院做了几个化验以后,他告诉妈妈我怀孕了。

"可这太意外了!"妈妈说。

我很惊讶,不过很高兴。然而我注意到了医生和我妈妈之间的对话。

"这是上帝弥补她健康垮掉的方式。"医生说。

妈妈的嘲讽声音很大,而且滔滔不绝。"你不懂生娃娃是怎么回事,"她说,"这会让我的孩子送命的。"

"你不想当外祖母吗?"

"我孩子死了让我当外祖母?不行!再说我在佛罗里达还有个顶呱呱的孙子呢!我不会让卡森生这个娃娃的。"

"那你打算怎么做呢?"医生问。

"我来想办法,"她尖声叫着,"有办法的。我知道怎么生娃娃,你不知道。"

这位给大约五百个娃娃接过生的医生对此不置可否。

"我来想办法,"她又说,"至于你嘛,你被解雇了!"

妈妈很快给我的精神科医生梅耶尔博士打了电话,他也像我妈妈一样吓得不轻。

"给她准备好,马上送医院。我来安排。"

这是星期五的事,我们一直等到星期一才有了空病房。妈妈和那位医生之间的争吵让我心烦意乱,结果我当场就流产了。流产过程很不顺利。妈妈脑子里有种奇怪的恐惧,不是怕他们把胎儿再给我放回去,就是怕他们做什么最终会让我丧命的事,所以不愿意打电话再找个医生来。于是我忍受着痛苦,直到星期一,一辆出租车把我送到纽约。到那儿的时候,车上已经到处是血,神经科学研究所的首席妇科医生范·埃滕(Van Etten)博士对利夫斯说:"怎么等到现在才来?你老婆都快死了。"

说话的时候,他一直在给我输血。然后他们把我紧急送往鲜花医院,始终陪着我的威廉·梅耶尔这时还是陪着我,握着我的一只手。

"这么说,有一个婚礼的成员,"我说,"我没算进去。"

度过危险期以后,威廉送我去了一家极为出色的医院,那儿伙食绝佳,护理绝佳,我很快就恢复了体力。

*

现在我得到了一个让我兴奋不已的消息:玛丽·罗杰斯[①]作曲,马歇尔·巴里尔[②]作词,要和我一起写音乐脚本,把《婚礼

[①] 玛丽·罗杰斯(Mary Rodgers,1931—2014),美国小说家,写作范围包括长短篇小说、青少年小说、话剧剧本、影视剧剧本、歌词和歌剧剧本。她是作曲家理查·罗杰斯的女儿,也为音乐剧作曲。
[②] 马歇尔·巴里尔(Marshall Barer,1923—1998),歌词作家,曾与玛丽·罗杰斯合作创作了百老汇音乐剧《豌豆公主》(*Once Upon a Mattress*)。

的成员》改编成音乐剧或者歌剧。

玛丽在电话里说:"我知道歌剧这个词不太干净,不过恐怕这部作品还就是要变成歌剧了。"

"可别让它太脏了。"我说。

真正能在电话里和我讨论事情的人不多,玛丽是其中一个。这么说是因为她从来不着急。

这个时候她手里有五六首歌要写,她写得很快。马歇尔和我都完成了自己的工作,我们正在策划一场本年度首演的开幕式。我们还没有开始选演员,我只是希望这些日子里哪天能再在后阳台上见到什么人,让我兴奋得给我的代理人打电话。顺便说一句吧,我的代理人现在是罗比·兰茨[1]。我对原来的代理人不满意已有数年,后来我发现了他,这是个出色的代理人,也是朋友。他把我的书全都卖给了电影制片厂,多年来对我照顾得非常好。

三年来我缠绵病榻,可我的生活并不平淡。1967年6月,《心是孤独的猎手》要拍电影了[2]。约瑟夫·斯特里克[3]执导的《尤利西斯》[4]十分精彩,他会出任导演[5]。今年9月我要去看《金色眼睛的映像》电影首映[6]。同时我渴望听到玛丽和马歇尔把《婚礼的成

---

[1] 即罗伯特·兰茨(Robert Lantz,生于1914年),文学代理人,后来和玛格丽塔·加歇·史密斯一起被指定为麦卡勒斯的遗著保管人。
[2] 电影《心是孤独的猎手》1968年上映,罗伯特·艾利斯·米勒(Robert Ellis Miller)导演,桑德拉·洛克、艾伦·阿金主演。
[3] 约瑟夫·斯特里克(Joseph Strick, 1923—2010),美国导演、制片人、编剧。1967年协助杰克·库弗尔(Jack Couffer)导演了电影《尤利西斯》。
[4] 原著《尤利西斯》(*Ulysses*)是爱尔兰作家詹姆斯·乔伊斯(James Joyce, 1882—1941)的小说。
[5] 显然是换导演了。
[6] 电影《金色眼睛的映像》1967年上映,约翰·休斯顿导演,伊丽莎白·泰勒、马龙·白兰度、朱莉·哈里斯等主演。

员》①改编为歌剧的工作进展。

*

今年约翰·休斯顿邀请我到爱尔兰去的时候,我很高兴地接受了,在那儿度过的时光是我一生中最愉快的记忆之一。关于我的腿要做的手术,我第一个告诉了约翰,他也是第一个劝我听从医生的指示截肢的人。

"你活动会自如得多,"他说,"而且把那些没用的疼痛全都摆脱,这是福气啊。"

我每天上午专心写作,下午有时间的话就看书,因为总是有朋友来访。我一年到广场酒店②去一两次,在那儿会见工作上的朋友,接受采访。那儿的菜单我喜欢极了,艾达也喜欢,她当然是一直和我在一起的。

我常举办小型的鸡尾酒会,专门品尝上等鲟鱼籽酱配适量的洋葱、柠檬和鸡蛋。朋友们永远都会不停地给我送来好吃的东西。圣诞节在我的生活中一直是件大事,因为我总是要举办盛大的聚会。去年的聚会就很精彩,亮点是安德烈·杰拉德③的"运动中的绘画",客人们都觉得很新奇,非常喜欢。安德烈对一种新方法又做了改进,在动态中展示他的画作。他是个伟大的艺术家,他的

---

① 电影《婚礼的成员》1952年上映,弗雷德·金尼曼(Fred Zinnemann)导演,主要角色由原舞台剧的演员担任。
② 指纽约广场酒店。
③ 安德烈·杰拉德(André Girard,1901—1968),法国画家。

作品在银幕上非常生动，十分出色。他有一批新的作品，说好了很快就会拿给我看。他从来不在意我邀请客人们来和我一起看。

*

1954 年我开始写一部后来一败涂地的作品，上帝知道那绝非我的本意，只不过一天天下来，一步步走去，我陷入了一片混乱。指责圣-萨伯①很容易，可我不会那么做。正是他坚持要我写《美妙的平方根》。圣-萨伯无疑是最优秀的音乐剧制作人之一，我怎么知道会是那种结果？我怎么知道轻喜剧偏偏不是他的擅长？但他是我专业生涯里见过的最坚决、最不屈不挠的人。每天他都会到奈亚克百老汇南路 131 号来。我可以看到他手里拿着鞭子，随时准备推着我往前走。这部剧写的是一个作家娶了个蠢女人，那时我妈妈的身体已经越来越不好，我想把她那些最可爱的傻劲儿记录下来予以表现，但是这种傻在现实生活中挺好，在舞台上却很乏味，于是我就竭力捕捉她的单纯。可单纯不过是变成了单调，那个不成器的作家又成了我自己的某种延伸，汇聚了我对无所作为和失败的全部恐惧。我对圣-萨伯尤其苛刻，正如我有时对自己也非常苛刻。他综合了我身上所有那些缺乏爱心的品质。我的自私，我的抑郁倾向和自杀倾向。实际上，他基本不懂表演。我为什么写这些废话真是很难说清楚；说实话，我没有想到事情会糟

---

① 阿诺德·圣-萨伯（Arnold Saint-Subber, 1918—1994），科尔·波特 [(Cole Porter, 1891—1964)，美国作曲家] 创作的百老汇音乐剧《吻我凯特》(Kiss Me Kate) 的制作人，也是美国剧作家尼尔·西蒙（Neil Simon, 1927—   ）早期剧作的制作人。

糟到这个程度。直到在费城首次试演那个可怕的晚上之后我才明白这样不行。然后就像一只愤怒的母鸡保护自己的孩子那样，我拼命想办法补救。圣-萨伯也在想办法，于是我们一共换了六个导演，一个不如一个①。好像没人意识到这是剧本本身的问题，所以还是继续发疯一样雇一个解雇一个。这个过程一直延续到在纽约的正式演出开始。

我从来不出席首演式，这次当然也不例外。我悄悄地在剧院周边走动，心惊胆战地等着消息。我穿着我那件美丽的中国长袍，这袍子有两千年历史了，真的，我走过剧院的时候，甚至都不敢祈祷。

演出中途退场的一对夫妇说："不知她是不是这部戏里的成员？"

我们去参加联合制作人召集的聚会，我难受得把他的名字都忘记了，圣-萨伯哭了，联合制作人哭了，在《纽约时报》上看到评论的时候，他们哭得更厉害了。

可是我，只是坐在那儿像块石头一样，在心里哭，一声抽泣也没有，一滴泪也没有。就算是为这次一败涂地辩解吧，我还是要说，这个剧本阅读的效果要比演出的效果好。1957年12月7日，这部戏在演出了四十五场之后，终于在痛苦中结束了舞台生命。

就像这次惨败还不够考验我的承受力似的，我亲爱的朋友约

---

① 这部舞台剧的导演包括艾伯特·马尔（Albert Marre）、约瑟夫·曼凯维奇（Joseph Mankiewicz）、何塞·昆特罗（Jose Quintero）、乔治·基斯利（George Keathley），麦卡勒斯本人也曾短期参与。

翰·拉·图什在他佛蒙特州的夏季居所突发心脏病而亡。我得知这个消息后,收到了他的一封来信,邮戳上的日期是两天前。他曾写过一个名为《荡妇》(*The Vamp*)的剧本,上演后遭遇了和我相似的结果,这时我想起了他的勇气。他极为镇静。那个时候我正住在他和他母亲那里,他面对不幸的风度令我惊叹。

约翰死了,《美妙的平方根》也死了,我感觉上帝弃我而去。

*

我妈妈身体不好的那些年,我都是和她睡在同一间屋里,每人一张单人床。可是有一天,我的朋友希尔达和罗伯特·马克斯夫妇(Hilda and Robert Marks)请我到他们家去住一晚。妈妈硬是不让我给艾达打电话,说她不会有任何问题的。我不无疑虑,勉强同意了,不过当然了,艾达早上要尽快赶过来。

"你困在家里时间太长了,宝贝,"她说,"出去玩玩吧。"

晚上我还是不放心,打了个电话,她说她没事。可第二天一大早,我表哥①来了。他轻轻地拥抱着我说:"我要告诉你个坏消息,亲爱的。"

我妹妹做阑尾炎手术在住院,所以我第一个想到的是她。"丽塔吗?"我问。

"不是,亲爱的,不是丽塔,是你妈妈。"

我说:"她死了?"

---

① 小威廉·约丹·麦西(William Jordan Massee, Jr.),出生于1914年。

我表哥拍拍我的手,又把我抱住了。

我只说出了一句话:"我能做什么?"可即便我听见了自己的声音,我也知道这个问题问得太傻了。我往家里给艾达打电话,她虽然在哭,还是毫不迟疑地说:"赶快回家来,操办葬礼的人已经快到了。"

艾达来干活到得很早,她告诉妈妈马上就把早餐拿来。

"我饿了,"我妈妈说,"还冷。"

"就等一小会儿,"艾达说,"等炉子热起来。"

等着的时候,她进屋来陪我妈妈,然后突然间,非常突然,妈妈开始吐血。她是在艾达的怀里去世的。

妈妈气都喘不上来的时候说了一句:"谢天谢地大姐[1]不在。"咽下最后一口气的同时又吐出来一句:"她承受不住。"

的确是承受不住,几乎承受不住了。可是紧随我的悲痛而来的是我生命中最快乐最有收获的经历,这就是我和玛丽·默瑟医生的相识,还有我对她的爱。

*

我表哥布茨[2]其实和我们血缘关系挺远。我们互称表亲只是出于爱,尽管追溯起来家族关系的确存在。我妈妈非常喜欢他,也喜欢他的父亲[3]。他父亲非常机智,还带着一种老老实实吹牛皮

---

[1] 卡森在家里的昵称。
[2] 即小威廉·约丹·麦西。
[3] 老威廉·约丹·麦西(1873—1961)。

的幽默感，我认识的人里，他是把这些特点融合得最好的人之一，而布茨继承了这个天分。他有一套极漂亮的公寓，里面放满了家族拥有的宝物，还有他自己的"小工艺品"。我每次想给一位朋友送份特别的礼物了就去找布茨，他总是帮我买下来。他的品位我可以完全信任。过去我就很喜欢和布茨一起度周末，待在他的公寓里欣赏他收藏的书和唱片。我相信他有一万五千张唱片，好书你只要说得出来，他都有。他做晚餐的时候我会跟他一起进厨房。他烹饪水平一流，还乐于听取我那些古怪的建议。

我记得有一晚，他请了一位非常胖又极其有名的瓦格纳歌剧演唱家[1]来吃饭。他一般吃饭都很晚，上菜也不着急，就先拿出来一些精致的开胃点心[2]，这位歌唱家疑惑地看着点心问："这是什么？"

"就是正餐做好以前吃着玩的小东西。"

歌唱家眼睛一直瞟着餐厅，不想让这些好吃的小东西破坏了正餐的胃口，于是就等啊等啊等。终于，大概十一点吧，布茨宣布晚餐好了，然后陪着她走到餐桌边。那天晚餐上的是班尼迪克蛋[3]，可是等他安顿她坐下，再绕着餐桌走到桌子顶头他自己座位上的时候，他抬头一看，吓了一大跳，发现这位巨型歌唱家已经把这顿饭全吃完了。

我喜欢听经得起再三讲述的故事，所以我和布茨在一起的时

---

[1] 玛格丽特·麦曾瑙尔（Margaret Matzenauer，1881—1963）。
[2] 原文是法文。
[3] 上面盖着火腿、荷包蛋和奶油蛋黄酱的吐司面包。

候,他给我讲过不少马歇尔维尔①的事,还有一些比较严肃的,比如他和玛格丽特·米切尔②的友谊和这位女作家不幸的境遇,那样一个谦恭的女人,处于隐居状态,写了《飘》以后,竟然让热衷于猎奇的人那样紧追不舍。

*

即便是成年以后,我还是止不住地想家。除了我的工作以外,家比什么都重要。我特别想念我的父母,有点像帽贝贴在礁石上一样和家人紧紧黏在一起。住在布鲁克林高地的时候,那儿有种家的感觉,十分亲切。妈妈偶尔会来看我。她和威·休·奥登,一个美国南方人和一个英格兰人,彼此都感觉很难相互理解。天保佑她的心吧,妈妈会对威斯坦大喊大叫,好像他听力有问题而不是因为存在着语言障碍似的。威斯坦很和气,很通情达理。但是有一次他和乔治·戴维斯带我到包厘街③去,还是把我吓坏了。看着那些无家可归者没有尊严的状态,一股颤栗穿透了我的灵魂,我从包厘街跑到唐人街,找了辆出租车回到布鲁克林。我坐在门口的台阶上,又冷又难过,直到他们回来。我想起这件事是因为,我刚在报纸上看到,多萝西·戴④在包厘街区做社会服务工作,一个男人拿着一张支票来找她,她很惊讶。她对记者说,

---

① 马歇尔维尔(Marshallville),佐治亚州城市,附近有"麦西登陆地",老威廉·约丹·麦西生长于此。
② 玛格丽特·米切尔(Margaret Mitchell,1900—1949),美国女作家,著有《飘》。
③ 包厘街(the Bowery),纽约曼哈顿最老的主街之一,纵贯纽约华埠。
④ 多萝西·戴(Dorothy Day,1897—1980),天主教社会活动家、作家。

她以为那是一个原先的流浪汉,为了报答她过去做的好事捐出了一小笔钱。她在地铁上打开了那张支票,却吃了一惊,原来那是威·休·奥登送给她的,里面有张纸条,祝贺她为救助包厘街的无家可归者做出了卓越贡献。

在苦难面前我逃跑了,威斯坦却留下来尽了自己的力。

我还特别想我弟弟,他是个心肠极软的人。他酷爱大自然,爱美丽的东西。记得我们得猩红热的时候,他老是躲着保姆,这样他就可以坐在他的便壶上,看着窗外那些美丽的树。我们大了一点以后,我会跟着他去看"第一片树和第二片树",那是我家附近一个树木繁茂的地方。还有呢,我很小的时候就为他谱写过歌曲,他总是跟着这些歌曲跳舞给我看。我弹着钢琴,他就如痴如醉地跳。我小时候还写过剧本,或者不如说那是模仿看过的电影写的东西。我记得特别清楚的是模仿《拉斯普廷》[1]。此刻我记忆中出现的台词是埃塞尔·巴里摩尔[2]引用的一句话:"你是个非常冷酷的人,伊戈尔。"我弟弟、妹妹和我一起演这部戏。我妹妹假装昏过去,因为她长得胖乎乎的,每次她完全像真的一样倒在那个不太结实的躺椅上,我妈妈总要倒吸一口凉气。

我十四岁的时候,我生活中的最爱是伊莎多拉·邓肯,这对我们全家人都产生了影响。我读邓肯的自传《我的一生》,不光读,还宣讲。我爸和我妈一样,相信小孩应该什么书都可以读,

---

[1] 即《拉斯普廷和皇后》(Rasputin and the Empress),米高梅公司1932年的电影,主演是同属巴里摩尔家的约翰、埃塞尔和里昂纳尔。
[2] 埃塞尔·巴里摩尔(Ethel Barrymore, 1879—1959),美国早期影剧两栖女演员。里昂纳尔是她哥哥,约翰是她弟弟。

但是听见我鼓吹对广义的家人和任何愿意听的人都应怀有"自由的爱"，还是不禁大为吃惊。一个好管闲事的邻居批评我父母，说不该让我用这么早熟的话谈论伊莎多拉·邓肯和她的爱情生活。其他邻居怎么想，我只能猜了。我求爸爸让我逃跑去巴黎，我对他说，我会在那儿跳舞来维持家里的生活。逃到巴黎去——更糟糕的是，我，手脚这么笨，还要靠跳舞养家——我爸爸做梦都想不出这么荒唐的主意。

可他只是温和地说："宝贝，你长大了就懂了。"

我虽然手脚笨，在附近几个街区里却是旱冰滑得最好的一个。我总是带着伤回家，要么膝盖又破了，要么胳膊又蹭了。

最爱出事的要数我弟弟。他爬出窗户，然后"咚"的一声，胳膊断了。我们老是爬树，有的时候家里就得给消防队打电话，把我们姐弟里面的不知哪一个从树上抱下来。有的小孩长大了以后就不那么心软了，可我弟弟心底的柔软从来没有离开过他。有件事我记得发生在大萧条时期，那时有一毛钱车费的出租车。我们的女仆露西尔在几个保姆里是最和气的，年纪也很小，才十四岁就是做饭的一把好手。她叫了辆出租车回家。我和弟弟看着她离开，不料那个司机拒绝拉她。

"我不拉该死的黑鬼。"他大声叫着。

看到露西尔那么尴尬，感觉到整个这件事里的不公平是那么丑恶，拉马尔跑进了甬道。（这里我得解释一下，甬道差不多像是个单独的房间，从正门一直通到房子中间。甬道里有股怪味。地上的尘土很黑，那股味儿刺鼻难闻。）弟弟在甬道里流泪，我气炸了，对着那个出租车司机尖叫："你这个坏蛋，坏蛋！"然后我跑到弟弟身边，我们紧握着手来安慰自己，因为别的我们实在、实在是什么也做不了。露西尔不得不走了很远的路回家。

那个时候的黑人和白人从垃圾桶里就看出来了。那些精心养育我们的人，那么和蔼亲切的人，却饱受屈辱，就是因为她们的肤色。

我们眼里看到了太多的屈辱和暴虐，不是对身体的施暴，而是对人尊严的野蛮侮辱，这更糟糕。我总是回想起露西尔，一次又一次想起她，那么欢快可爱的露西尔。她喜欢站在窗口唱一支流行的歌，歌词是"蹑手蹑脚走到窗口"。布鲁斯[①]不合她的口味，因为她太欢快了。她特别擅长安排小小的即兴野餐，给我和我弟弟带来可可饮料和美味小点心。她把篮子装满，我们再用绳子把它吊到树屋里，这一套她好像已经轻车熟路了。她只是提醒一句，而且依然是用她那欢快的声音说的："天啊！这些孩纸[②]！你们用不了多久就会摔断脖纸[③]的。"

然后在大萧条最严重的时候，妈妈想除了自己的活儿以外，做饭也可以自己来，就不再用露西尔了，但是给她写了评价很好的推荐信。她应该了解一下露西尔要去工作的那一家，因为那家人很怪，居然说露西尔给他们下毒。露西尔怎么可能，她做饭做得那么好！他们的证言把露西尔送进了监狱。她在那儿当厨子，还学缝纫，学读书写字。我觉得她在那儿接受了蛮不错的通识教育，那段经历没有给她造成伤害。我妈和我爸为她的人品和烹饪

[①] 又称蓝调，美国黑人民间音乐，带有幽怨色彩，故又有怨曲之称。
[②][③] 即"孩子""脖子"。露西尔的发音不准。

能力提供了证言，可是其他人坚持要处罚她，因为那家的男主人是高级市政官，她不得不在监狱里待了差不多一年。不过她还是在那儿缝纫、做饭，继续读书写字。她给我们写过几次信，我爸也给监狱餐厅捐过款。释放后她去了芝加哥，认识了一个砌砖工人，那人健康正直，收入可观，他们结了婚。前不久露西尔来看过我。她找到了我在奈亚克的住址。那是八月里的一天下午，她穿着奢华，胳膊上还搭着一条漂亮的狐皮围巾。我们相互拥抱，谈到了过去的日子和她最近过得很红火的生活。我现在也有点红火了，可以用我的写作维持生活，露西尔对这一点很是骄傲。我们都长大了，所以我请她喝的不是可可，而是杜松子酒和用来冲酒的汽水，她很喜欢。

露西尔十四岁的时候生过一个孩子，叫强尼·玛丽，个子很小。这个孩子十几岁的时候又生了一个孩子，生产过程中母子俩都死了。

我永远不会忘记那次葬礼。牧师太坏了，我都想揍他。他把强尼·玛丽称为罪人，祈祷文清清楚楚用的是"为恶者应灭亡"。露西尔和她家里人都情绪失控了。棺盖是打开的，牧师说祭文的时候眼睛朝下直盯着强尼·玛丽的脸，然后我们依次走过棺木，看着小婴儿躺在妈妈的臂弯里，露西尔几乎疯狂了。

她尖声叫着："上帝呀！你照看她吧，我尽力了，现在交给你了！"

那是七月里一个炎热的下午，摇扇工都得超时工作。（摇扇工是为死者家属摇扇驱热的人。）接着露西尔用尽全力高喊："上帝啊，她们现在归你了！"

露西尔继续着自己的生活，终于遇见了芝加哥的那位砌砖工，那人工作稳定，收入不错，对她也非常好。

大约一个月一次吧，要么就不到一次，爸妈会带着我们这些孩子去看劳拉姐（Sis Laura），那是我们外祖母的厨娘。妈妈不怎么喜欢她，因为妈妈小的时候劳拉姐对她很抠门，不过劳拉姐衰老之后，我们还是会去看她。她住在牧师住宅后院她的房子里，她还没有老得不能动的时候，参加祈祷和各种教会活动都非常积极，是卫理公会的台柱子。去看劳拉姐是我非常害怕的一件事。她屋里总是有个没盖子的便壶，里面有尿，弄得屋子里的味儿特别难闻。爸老是给她带去钱、桃子、梨或者桔子，这时那双老眼里就会闪出贪婪的光。劳拉姐太老了，她是一天晚上在睡梦中去世的。

范妮是露西尔的妹妹，在我们邻居家当厨娘。有一次我爸爸过生日，我给了他一个惊喜。我的安排是，早上六点我爸去上班以前，让他早餐吃烤鸡。范妮做烤鸡，露西尔做饼干。我给我爸爸准备的东西我知道是他最想要的：一根有银色弯把的乌木手杖。我们三人把手杖用薄棉纸仔细包好，早晨六点，我爸爸该离家工作去了，烤鸡和露西尔头天晚上做好的生日蛋糕一起装扮得五颜六色端了上来，我爸爸真的是大吃一惊。我们唱着生日快乐，他看着那根手杖欣喜不已，眼里泛出了泪花。

他完全忘记了那天是他生日。他随即吃了一点，然后切下两块给露西尔和范妮，这才开始享用这餐美食。他终生都随身带着那根手杖，他去世后，我把手杖给了他的兄弟。最后手杖回到我身边，现在就放在前厅的伞架上。

我两岁到六岁这段时间里有个保姆叫娜茜[1]，她结了婚以后和她丈夫一起到一个农场去生活了。妈妈流泪了，往店里给我爸爸打电话，觉得心里能好过些。遭遇这种损失，我妈妈哭得很厉害，爸爸就关了店回家来了。他对娜茜结婚表达了祝贺的意思，然后就对妈妈说了这么句话，我永远都忘不了。

"任何东西，任何人，都不是离不开的。"

这句话像回声一样再次回荡在我脑海中的时候，是我想起了托尔斯泰[2]临终时对他女儿说的话："我只想劝你记住，这世上除了列夫·托尔斯泰以外还有很多人，而你眼里看到的只有这一个列夫。"

代替娜茜的是克莉奥[3]，她很可爱，但是很严厉。里屋是游戏室，我弟弟往可可饮料里吐口水，他解释说这是为了让可可看起来更多一点，克莉奥就一把抓住他，把他提起来使劲晃。"你不配跟露拉·卡森和海伦·哈维一起吃东西，她们俩都是好［姑娘］。"要说我有什么长处，那就是还算文雅，我妈妈很注意让我保持这种特点。她想让我漂亮，就千方百计打扮我。我长得并不难看，可也不是美人，不管妈妈怎么给我捯饬。我经常被迫坐在厨房的桌子边上，让妈妈给我精心打扮。我的头发直得像拨火棍一样，她就想办法做小发卷儿，做着做着我的头发就碎了。每天早晨上学以前，她让我说"梅子和杯子"，因为她觉得说这几个字会让我的嘴形好看。我姥姥跟她说过，我是天底下最有耐心的孩

---

[1] 娜茜身份信息未知。"娜茜（Nursey）"是英文"保姆（nurse）"的近似音。
[2] 列夫·托尔斯泰（Lev Tolstoy，1828—1910），俄国作家。
[3] 克莉奥（Cloe）的身份信息未知。

子了。所有这些捯饬我都不喜欢，可我知道，不管我姥姥怎么反对，妈妈还是会我行我素。我给送到眼科医生那儿去做检查，妈妈生怕我会戴眼镜，就小声告诉我验光表上是什么字，结果医生发现了，把她请出了房间。谢天谢地我的视力很好，尽管我看了那么多书。我那个当图书管理员的表姐有一次说，我看的可不止是书，还有整个整个的图书馆。我的确是个书虫，从十岁起到现在，一直都是。

我十一岁左右的时候，妈妈让我到杂货铺去买东西，我很自然地就带着一本书去了。那是凯瑟琳·曼斯菲尔德①的书。路上我就开始看了，看得十分入迷，借着路灯的光看，到了铺子里告诉人家要买哪些晚饭要用的东西，一边说一边看。我们家吃得特别好，星期天一般都吃鸡，每星期的中间吃羊腿，但是不知为什么我们从不吃甜点。也许那是因为妈妈知道，每天早上我去上学以前，都要到国王杂货铺去买六块巧克力。我津津有味地吃，一个白天就全吃完了，我已经记不清有多少次因为上课吃东西给罚出教室。

*

托马斯·沃尔夫②的书我也很喜欢，有一部分原因就是他描写食物的时候那种令人赞叹的热忱。

---

① 凯瑟琳·曼斯菲尔德（Katherine Mansfield，1888—1923），英国女作家。
② 托马斯·沃尔夫（Thomas Wolfe，1900—1938），美国小说家。

下一位作家，同时也许是对我的阅读生涯影响最大的作家之一，是陀思妥耶夫斯基——而托尔斯泰自然是位居榜首。

我长大一点以后，对凯瑟琳·曼斯菲尔德的热爱不知怎么消失了，现在也很少看她的书，不过我必须在此说明，作为批评家，她的话经常是绝对正确的。我记得她对《白痴》的评论，特别是她对娜斯塔霞·菲里波芙娜的看法。娜斯塔霞也总是让我困惑不已，我不明白，这么一个严格要求自己的人，怎么会接受一个差不多是陌生男人的珠宝。这部作品很巧妙地掺入了几分中篇小说的特点。一个不可思议的场面接着一个不可思议的场面，让读者欲罢不能。娜斯塔霞当着加尼亚的面点火烧掉钞票的场面简直像是《真实故事》的虚构，但是尽管如此，这个场景中的情感因素使得这种做法非常真实。

几乎每个人都认为，托尔斯泰是有史以来最伟大的小说家，我只能说，我也这么看。从他第一本关于战争和塞瓦斯托波尔[①]的精彩作品开始，他杰作不断的漫长一生中，作为一个作家他始终无与伦比。

我觉得很有意思的一件事是想到他那些故事的来源，他得到的"天启"。他听说有个女人迎着行进中的火车跳下去死了，由此演化出了安娜·卡列尼娜。宏伟壮观的《战争与和平》，一部历史小说，一定是几乎每天都给托尔斯泰带来各种启示。在对当时各种风情时尚的现实主义描写方面，他像普鲁斯特一样一丝不

[①] 塞瓦斯托波尔（Sebastopol），克里米亚半岛西南岸港市。1853 年至 1856 年，托尔斯泰在那里参加了克里米亚战争，后写成《塞瓦斯托波尔故事》，战后不久，即创作了巨著《战争与和平》。

苟，而且他也像普鲁斯特一样，是在一幅巨大的画布上作画。画幅巨大并非我衡量艺术作品的唯一标准。我喜欢小书描绘精确如维米尔[1]，可既然说到了绘画，我不得不说，对视觉艺术作品我缺乏理解，对此我非常遗憾。我觉得我对现代作品的感觉要好些。顺便说一句，亨利·瓦纳姆·普尔是我的邻居，给我画过几次肖像，我和他相处得很好。我还觊觎艾普斯坦[2]的几件作品，可我买不起。

另一位我经常阅读其作品的作者是爱·摩·福斯特[3]。玛丽·默瑟朗读《天使不敢涉足的地方》[4]是我平生最愉快的经历之一。我们俩都不时笑出声来。这里我得多说一句，对爱·摩·福斯特，凯瑟琳·曼斯菲尔德完全视而不见，要么就是出于某种原因，她只是不喜欢福斯特而已。

我是对弗吉尼亚·伍尔夫[5]完全视而不见。我尽了努力，好像还是不能真正对她产生兴趣。这很奇怪，因为不但我的很多朋友简直是崇拜弗吉尼亚·伍尔夫，而且我还认识不少"布鲁姆斯伯里文化圈[6]"里的人。

伊丽莎白·鲍温[7]是我的好友。多年以前我就很欣赏她的作

---

[1] 约翰内斯·维米尔（Johannes Vermeer，1632—1675），荷兰画家，擅画细节。
[2] 雅各布·艾普斯坦爵士（Sir Jacob Epstein，1880—1959），美国出生的雕塑家，后成为英国国民，以裸体雕塑、宗教人物、铜雕塑像闻名。
[3] 爱德华·摩根·福斯特（Edward Morgan Forster，1879—1970），英国作家。
[4] 《天使不敢涉足的地方》(Where Angels Fear to Tread，1905），福斯特的小说。
[5] 弗吉尼亚·伍尔夫（Virginia Woolf，1882—1941），英国女作家。
[6] 布鲁姆斯伯里文化圈（Bloomsbury Set），20世纪前期英国一个以弗吉尼亚·伍尔夫等人为中心的文人圈子。
[7] 伊丽莎白·多萝西娅·科尔·鲍温（Elizabeth Dorothea Cole Bowen，1899—1973），英裔爱尔兰小说家。

品，后来我们在纽约见了面，她让我到爱尔兰去看她。她在那儿有个庄园，叫鲍温园，房子并不漂亮，但是很宽敞，也很舒适。她告诉我，《心之死》[1]取得成功以前，她和家里的来客要泡澡都得到邻居一个叫吉姆门的庄园里去，但是那本书成功之后，她有了条件，就在家里各处装了好几间带浴缸的浴室。记得我用的那个浴缸里还有个浮在水面上的小鸭子。除了鲍温园以外，伊丽莎白在伦敦还有一套公寓，几年前，她把鲍温园卖掉了，因为维护那所宅子太费人力，她承受不起那些费用了。

我为那些不得不卖掉自家住房的人悲哀。不光是伊丽莎白要放弃她的房子，我的好朋友莉莲·赫尔曼[2]也被迫卖掉了自己的家，更别说我的教士古宅了，我那么爱那个地方，听说那儿现在是个奶牛场。所有这些朋友的损失中最令人震惊的是，伊萨克·迪内森[3]失去了她在非洲的农场，因为咖啡价格急剧下跌，她只好把农场卖了。后来她在丹麦住的是一座L形的房子，那原来是诗人埃瓦尔德[4]的房产。

伊萨克·迪内森是布利克森男爵夫人的笔名，和她相识是因为我是美国艺术暨文学学会（American Academy of Arts and Letters）的会员，应邀出席为她举办的一次午餐会。我对她太崇拜了，一直犹豫着要不要见她的面；我怕现实和我的梦想差距太大，所以等了很长时间才接受了邀请。终于要去赴学会的午宴了，

---

[1]《心之死》（The Death of the Heart，1938），伊丽莎白·鲍温的小说。
[2] 莉莲·赫尔曼（Lillian Hellman，1905—1984），美国女剧作家。
[3] 伊萨克·迪内森（Isak Dinesen，1885—1962），丹麦女作家，《走出非洲》（Out of Africa）的作者，本名卡琳·布利克森（Karin Blixen）。
[4] 约翰内斯·埃瓦尔德（Johannes Ewald），18世纪丹麦诗人。

我问格伦韦·维斯科特[1]我能不能跟她同桌。格伦韦说她已经提出请求要坐在我旁边。午餐中她说想见见玛丽莲·梦露[2],因为阿瑟·米勒[3]就在隔壁桌上,我就说我想这很简单。我让侍者把阿瑟请过来,告诉了他男爵夫人的请求。后来我办了一次午餐会,请了玛丽莲·梦露、伊萨克·迪内森和阿瑟·米勒,就是因为这个原因。玛丽莲很缺乏自信,给我打了三四次电话问穿什么好,还想知道是不是胸口应该开得低一点。我说她穿什么都漂亮。后来她穿了一条胸口开得很低的连衣裙,露出了可爱的前胸。卡琳说话的时候,玛丽莲就坐在那儿听着。卡琳·布利克森极为健谈,她说到了在非洲度过的时光,说到了丹尼斯·芬奇-哈顿[4]。卡琳(朋友们叫她塔尼娅)有一双黑得像宝石一样的眼睛。她眼影粉用得很多,唇膏是亮色的。她的形象经过精心修饰,比我想象的更浓重,但我很快就适应了,脑海中留下的印象里并没有装腔作势,只有绝对的魅力。直到晚年,她都只吃牡蛎,只喝香槟。阿瑟问她是哪个医生给她规定的这种饮食,她耸耸肩,只是轻描淡写地说:"没哪个医生,是我自己规定的。这么吃适合我,我喜欢。"牡蛎过季了,她就吃芦笋凑合。我们其他人吃的是蛋奶酥[5]。

我的很多朋友都年事已高。卡琳这时大概是八十岁。然后我接到一个邀请,要我去参加伊迪斯·西特维尔在伦敦举行的生日

---

[1] 格伦韦·维斯科特(Glenway Wescott,1901—1987),美国威斯康星州的作家。
[2] 玛丽莲·梦露(Marilyn Monroe,1926—1962),美国女演员。
[3] 阿瑟·米勒(Arthur Miller,1905—2005),美国剧作家。
[4] 丹尼斯·芬奇-哈顿(Denys Finch-Hatton),伊萨克·迪内森的恋人,她的小说《走出非洲》中的人物。
[5] 原文是法文。

聚会。聚会的时间我正好在欧洲，所以我接受了邀请。给我安排的座位挨着我的老朋友彼得·皮尔斯，在布鲁克林的时候我们在一起住过。本杰明·布里顿和伊迪斯合作写了一首优美的歌。她起的歌名是《还在下啊那雨》，午宴前彼得唱了这首歌。宴会确实很不错，到场为她祝贺生日的宾客名单堪称艺术世界的国际"名人录"。

我本来打算继续在欧洲的旅行，到丹麦去看望塔尼娅，正在做准备的时候却得知塔尼娅去世了。她的秘书也是好友克拉拉·斯文森（Clara Svendsen）写信告诉了我这个消息，还说了她葬在一棵美丽的山毛榉树下，紧靠着浩瀚的海洋。

我觉得她的作品对《金色眼睛的映像》有所影响，那种方式很微妙，我无法描述。也许是她文字中的美和作品的某种强势给了我这样的暗示。

《心是孤独的猎手》写了两年，我也思考了两年南方的丑恶一面，比如白人对黑人的那些做法，然后我就快乐得像鸟儿一样，只为词语和形象写作了。正好在这个时候，利夫斯和我到南卡罗来纳的查尔斯顿去看望我们的朋友埃德温·皮科克和约翰·齐格勒。他们非要让我看一本叫《走出非洲》的书不可，我以为那是讲打猎的，就跟他们较劲，说我就是不想看。最后他们终于如愿，趁着利夫斯和我乘车去费耶特维尔的机会，往我怀里塞了两本书：一本是《走出非洲》，另一本是《七个神奇的故事》[①]。我坐在车里开始看《走出非洲》，一直看到太阳落山。这么入迷的感觉我从来

---

① 《七个神奇的故事》(Seven Gothic Tales) 也是伊萨克·迪内森的作品。

没有过。看了这本书已经很多年了，而且我也看了很多遍，可是每次重新开始看，我还是能感受到安慰和自由。我顺理成章地把她的书全都看了，但这两本是我的最爱。记得在美国艺术暨文学学会里，一个朋友对我说过，《走出非洲》这本书是她的试金石，就凭对这本书的反应，她一下子就可以判断出一个人能不能做她的新朋友。

另一位我感觉特别亲切的作家是理查德·赖特。塔尼娅和迪克①之间的反差之大无可比拟。迪克和妻儿搬进布鲁克林那座房子的时候我认识了他。像往常一样，黑人找不到像样的住房。后来我们在巴黎继续保持着友好的关系，他一直住在巴黎，直到他突然去世。他去世这件事总是让我感到，人的生命竟是如此不堪一击。迪克看上去身体很好，他刚到医生那儿去做过例行检查。医生一点儿迹象都没看出来，可就在那天下午，他死于心脏衰竭。迪克和我经常讨论南方的事，他的《黑孩子》(*Black Boy*)是一个南方黑人写出来的最优秀的作品之一。谈到我的作品他说，处理黑人和白人同样得心应手，南方作家里也就是我了。在南方作为一个黑人必然要招致的那种屈辱让我心惊胆战，甚至都没有注意到黑人内部也存在着体面和优越感的不同等级。

利夫斯和我在巴黎住过一套破败不堪的公寓，没有自己的卫生间，也没有什么便利设施。当时迪克正准备搬离自己那套公寓，已经买好了另一套非常讲究的公寓，也在巴黎，看见我们这种状况，就建议我们搬进他原来住的那套漂亮的公寓里去。那是两户

---

① 迪克（Dick）是理查德（Richard）的昵称。

合住的一座房子，另外那套公寓的房主是个女人，就住在里面，那是个瘾君子，迪克不想让自己的孩子天天看见这种事，间接的也不行。不用说，我们搬了进去，那地方的确招人喜欢，起居室里有个敞开的壁炉，设备完善的餐室堪称奢华。还有个带喷泉的花园，非常美丽。厕所坏了，房主要先修那个喷泉。

我遭遇中风左侧瘫痪的时候，迪克在尼斯，他租了一架飞机到巴黎的美国医院看我，安慰我。他说他妈妈也遭遇过类似的中风，就那种状态还养大了好几个孩子呢。

在布鲁克林认识他之前，迪克陷入与某党纠扯不清的关系。土生土长的黑人，口头表达能力很强，又是知识分子，正好符合他们的口味。他们不理解迪克关注的只有他的艺术追求，也不理解他的独立精神，党开始像布置学生作业一样指示他该写什么的时候，他愤怒了，退出了这个党。

众所周知，某党是一旦卷入就很难离开的，迪克度过了很多个辗转难眠的夜晚和心惊胆战的白天。这个党是加入容易退出难。

我从来没有想过加入这个群体，有一个原因是，我天生就不喜欢群体活动。我参加的社团只有一个，就是那个美国艺术暨文学学会。那里边大多数人都比我年长，但他们都是极为有名的人物。清规戒律并不太多，所以只要有可能，我倒是很愿意去参加他们的会议。起先我是非常认同某主义的，后来我想到时下的各种暴乱，感觉这完全就是把某主义付诸实施的结果。信奉该主义的人学习得很好，知道如何为了达到自己的目的在一些地区开展工作，使之陷入危险状态，再鼓动社会力量让这些地区衰弱下去。从我个人的角度来看，如果暴乱不是他们发动的，我倒也不会惊呀。确实也是，贫民区必须清除，代之以像样的住房。必须让有能力完成工作的人都有体面的工作。这就需要教育，黑人也越来越意识到了这一点，但是很不幸，这需要多年的努力，而我和几百万黑人一样，都感觉时间不够用。我的住房是很完善的，我尽力按照耶稣基督的教导去生活。

我一向十分欢迎的亲密朋友里还有珍妮特·弗兰纳[1]和娜塔莉亚·默里[2]，后面这位是一家意大利公司的主管，我的书就是这家公司出版的。其实世界各地都有我的书出版。

珍妮特在《纽约客》杂志上用的笔名是"吉尼特"，她是个知识面极为广博的记者，娜塔莉亚是个健谈的意大利人，和珍妮特正好是一对。每次她们到奈亚克来，我都很喜欢接受她们的采访，和她们畅谈。很多人看过我的书以后到奈亚克来看我，那些书里有的就是其他语言的译本，前不久来了一位日本教授，还有一位瑞典电影导演，英国人、芬兰人……我的书在哪里出版，就有哪里的人来。我总是很高兴地欢迎他们，艾达给他们端上饮料和夹心面包。报社的人经常来，他们要采访我，而我总想向他们提问。明天《亚特兰大宪法报》(*Atlanta Constitution*)要来一个人，我会问问他，那些让我十分忧心的暴乱是怎么回事。有些人来的时候带来了自己的画作，还有些人给我写信，问我对各种杂七杂八的事情有什么看法。有的时候我都纳闷，他们不会是把我和多

---

[1] 珍妮特·弗兰纳（Janet Flanner，1892—1978），美国女记者、作家，笔名吉尼特（Genet）。
[2] 娜塔莉亚·达内西·默里（Natalia Danesi Murray，1901—1994），意大利裔美国女编辑、作家、出版人。

萝西·迪克斯①搞混了吧。但是大部分来信还是很有头脑很有见解的。

田纳西·威廉斯每次到纽约市来都要来看我,还有让我很高兴的是,我发现了约翰·休斯顿这位真朋友,电影《金色眼睛的映像》就是他导演的。

雷·斯塔克②是《金色眼睛的映像》这部片子的制片人,他给休斯顿先生打电话,请他当导演。约翰说:"这部电影可以用两种方式来拍:一,拍成小额预算的艺术片;二,用最佳阵容来拍。我对鞋带级的小成本艺术片不感兴趣,我认为麦卡勒斯太太也不会感兴趣。拍这部片子,我只能给最优秀的演员当导演。"雷·斯塔克同意了,随即起草了合同。约翰要最佳阵容,他说到做到:马龙·白兰度③、朱莉·哈里斯、伊丽莎白·泰勒④、布莱恩·基斯⑤,还有佐罗·戴维⑥。然后约翰来找我,我马上就感觉到了他的认真,以及魅力和机智。我全权委托给他,没有丝毫犹豫。他来掌控全局,我很高兴。

他谈对这部片子的设想,谈得越多,我越是确信他就是做这件事的最佳人选。他不光是导演,还和格拉迪丝·希尔⑦、查普

---

① 多萝西·迪克斯(Dorothy Dix,1861—1951),美国女记者兼专栏作家伊丽莎白·梅里韦瑟·吉尔默(Elizabeth Meriwether Gilmer)的化名,专门解答生活中的各种问题。
② 雷·斯塔克(Ray Stark,1915—2004),美国电影制片人。
③ 马龙·白兰度(Marlon Brando,1924—2004),美国演员、导演。
④ 伊丽莎白·泰勒(Elizabeth Taylor,1932—2011),美国女演员。
⑤ 布莱恩·基斯(Brian Keith,1921—1997),美国演员。
⑥ 佐罗·戴维(Zorro David),纽约萨克斯第五大道精品百货店的美发师,在片中饰演安纳克里托一角。
⑦ 格拉迪丝·希尔(Gladys Hill),约翰·休斯顿的长期助手,美国女编剧,逝于1981年。

曼·莫蒂默①一起写出了精彩的剧本，和小说非常贴近。

也是在我们第一次见面的时候，约翰说："你到爱尔兰来看我怎么样？"

我已经卧床三年，这个建议好像有点异想天开，可是我说："你说话当真？"

"绝对当真。知道吧，老是有飞机的。"

于是圣诞节的时候，约翰给我和艾达寄来了去爱尔兰的头等舱往返机票，爱尔兰航空公司的飞机。

在允许我去爱尔兰以前，医生要求我找个地方去过周末，看我能不能承受旅行。于是我和艾达决定到纽约的广场酒店去。这可真是大费周章。就为了这次出行，把社区服务救护车叫来了，准备了一副担架。起初酒店的货运电梯似乎是个问题，后来他们反复调整担架的位置，最后总算是把我放进了专门定制的医用床里。

我会见老朋友，安排工作上的事，接受采访，广场酒店的饮食一如既往地精美。我仔细阅读菜单，就像人家研究一件艺术品一样。不管怎么说吧，我通过了广场酒店的考试，得到了医生的允许，可以去爱尔兰了。

约翰家住戈尔韦郡。他热爱打猎，在当地的狩猎活动中是行家里手。他住的房子就是在外出猎狐的时候发现的。（狐狸造成很多破坏，所以农民把狐狸视为一害，用毒药来毒杀。）总之是约翰

---

① 查普曼·莫蒂默（Chapman Mortimer，1907—1988），英国小说家。苏格兰小说家威廉·查尔斯（William Charles）的笔名。

看见了这座造型漂亮的大宅,当时只是一座乡间房舍的空壳。后来他把这座房子买了下来,开始把这副空壳建成一座宏伟的庄园。周围的草地上有很多牲畜。约翰养的马很是出色,他会让这些马参加所有的赛马活动。我们一起下注,上个星期他还打电话来说,那匹叫"老爆"的马跑了第一,我们赢了五十英镑。

访客如流,连绵不断,而约翰是"大先生"[①]。应门的女仆一时不在,约翰就自己去开门迎客。我们在那儿的时候是1967年4月——还是吃牡蛎的季节——我们吃的牡蛎来自爱尔兰海峡,离我们只有四十英里远。克雷格太太做的饭真是一流。她做的面包是我吃过的面包里最美味的。

我的腿是僵直的,所以我不得不终日卧床,但是来访的人总是到房间里来看我。这座宅子里还住着另外一位客人。天有点冷,尽管屋里的取暖设施很好,我卧室里的壁炉还是一直都烧着。

晚上大家都会到我屋里来,和我一起喝点白兰地,喝点咖啡。我们聊猎狐,聊艺术,聊政治,当然也聊《金色眼睛的映像》。

好几家报纸采访了我,《爱尔兰时报》刊出的照片上,约翰正在给我一个热烈的爱尔兰式大拥抱。

我卧室里有个非常漂亮的头像,那是艾普斯坦的雕刻作品。窗外能看见牲畜在草地上吃草。有的时候,看起来弱得都快站不住的小羊羔和照看它的妈妈一起走过窗前。

约翰这座房子的墙上有很多好看的模塑雕花。我想要一些式样新奇的带回去装饰我的卧室,当地人告诉我说,雕花工艺已经

[①] 原文是西班牙语"Grande Senor"。

失传了。

我用的床就是一件精心雕刻的工艺品,那是约翰从墨西哥带回来的。我屋里还有一个他从日本带回来的日式屏风,也很漂亮。

我的手术做完以后我会很高兴的,我还可以重访约翰的家,坐着轮椅在各个房间转,就像当地人一样。约翰家里一直都有很多男仆,他本人也很壮实。我的轮椅总是艾达来推,腿拿掉了,她就不用担心会碰疼我了。

有很多次我想到伯恩哈特,还有其他那些失去腿的人,但是有一位朋友跟我说,有个年轻人一时绝望,跳下了火车道。他失去了一条腿和一条胳膊。我没有绝望的感觉,也不喜欢沉溺于这种故事,我更愿意去想的是,第一次世界大战中伯恩哈特到战壕里去给士兵们鼓舞士气,结果德国统帅部发出高额悬赏要抓她。最后是协约国统帅部也因为怕她被抓住,把她从危险地带拽回去了。

彼得·弗罗伊琴[1]失去了一条腿,此后仍然过得十分充实。他对爱斯基摩人十分了解,拥有渊博的知识,依据这些知识,他写了一本精彩的书。

约翰·休斯顿是研究阿兹特克艺术的大家,临别时,他送了我一个漂亮的阿兹特克人头像作为礼物。

科尔·波特失去了一条腿,但是他继续写他那些优美的音乐。我猜《夜与日》就是在哈克尼斯馆医院里写的,我在那儿住了四

---

[1] 洛伦茨·彼得·艾尔弗里德·弗罗伊琴(Lorenz Peter Elfred Freuchen, 1886—1957),丹麦探险家。

次院，起码护士们是听见他翻来覆去地唱这首歌的。

毋庸置疑，我期待着像平常一样继续工作，盼望着自己行动更自如一些，可以到处走动，去旅行。

关于玛丽埃勒我还有一些想写的。她是我最亲近的朋友之一，除此以外，我所有的睡衣和晨服都是她设计的。她半年在巴黎工作，半年在纽约工作。她在巴黎的时候，我就特别想她。她工作的地点还有南方的棉纺织厂，那些厂子把她设计的印花印在纺织品上。

纽约离奈亚克大概三十英里，到纽约去只能乘公共汽车。我就是在公共汽车上认识玛丽埃勒的。她是我最为可爱而且可靠的朋友之一，她是法国人，她父母是罗马尼亚人，结婚后到法国去生了她。她融合了罗马尼亚人的狂放不羁和法国人良好的感性和烹饪术。但是她十分羞怯，并没有直接和我打招呼。她坐在后排，我一瘸一拐地想办法下车的时候，她才主动过来帮我一把。然后我们互相问了问到哪儿去。那些日子我正在为《美妙的平方根》奔波，要去找圣-萨伯。她还要继续往城里走，到服装业集中的城区里去。她说她就住在我们隔壁，我请她第二天下午过来喝点儿什么。有种灵感告诉我，她只喝葡萄酒，正巧冰箱里有一瓶玫瑰葡萄酒。我们的友谊迅速发展起来，我和她几乎天天见面。

然后就是有天晚上发生了可怕的事。我正睡着，玛丽埃勒进来把我摇醒。我朦朦胧胧朝下看了一眼，发现她光着脚，尖利的冰把她的脚划破了。

"快醒醒，你看。"她说。

我朝窗外看去,灰苑公寓楼正在熊熊燃烧。我们到厨房窗口去了,那里看得更清楚,我把她往起居室拽,不让她看那个场面。这时候,从火场逃出来的人陆陆续续来到我家,玛丽埃勒给他们准备了咖啡和夹心面包。然后警察来核对人名。有三个名字叫了一遍又一遍,却无人应答。三个人死于火灾。我求玛丽埃勒在长沙发上躺一躺,我会躺在她身边,拥抱着她,可她刚刚目睹了她的家被烧,家里还有那么多美丽的画,还有她收藏的艺术书籍。就在那天,我刚刚还给她一本价值五百元的波德莱尔[1]作品集,还有一个她借给我用的钻石十字架。这类小东西在我脑海里一次又一次出现。那本书和那个十字架,我要是没还,也就保留下来了。整个这段时间里,消防人员都在用水浇我的房子以免火势蔓延过来,还让我们都集中在餐厅里。火是怎么着起来的谁也不知道,但是所有的东西都没了。玛丽埃勒就住在了我这里,直到她有能力为自己找到住处为止。

我不知道还有谁像这个地方的人那样对衣物这么慷慨大方。所有的人都往这儿送衣服,连袖珍书都有,里面还夹着手绢。不过说实话,玛丽埃勒脑子里面想的是她失去的那些画,那些精美的限量版诗集,魏尔伦[2],波德莱尔,还有别的诗人。那里面有安德烈·杰拉德的插图,所以从某种意义上说,这种损失是无可补偿的。

玛丽埃勒是很坚强的,可即便如此,她有时也会流泪。我们

---

[1] 夏尔·皮埃尔·波德莱尔(Charles Pierre Baudelaire,1821—1867),法国诗人。
[2] 保尔·魏尔伦(Paul Verlaine,1844—1896),法国诗人。

俩翻遍了这场火灾留下的灰烬,想找到她的钻石十字架,可是什么也没找到,什么都没有了,只有灰。

早春时分,她在纽约找到一处公寓。她搬走以后,我想她想得厉害,不过她还是能每个星期天过来准备晚饭。没人能像她那样把残羹剩饭收拾加工得那么出色,再用那样的热情端上桌来。她的工作是纺织品设计师,她会详细地给我讲她都做了些什么,还让我看她那些精美的印花作品。

玛丽埃勒很快就成了她那个公司的总经理,在美国和法国都有业务。那场火没有毁灭她,甚至也没怎么让她放慢脚步。她依然和蔼亲切,带着那种我很少遇见的精神之美、风趣、机智、渊博,是我最长久的,而且和玛丽·默瑟一样,也是最好的朋友。

*

埃德温·皮科克和约翰·齐格勒一直是我的密友,他们每年夏天都要到欧洲去,来去总要在奈亚克停留一下。

我身体好的时候常去查尔斯顿。埃德温和约翰有个叫"地下书室"的店,非常出色,几乎什么书都能找到。他们常举办很有意思的聚会,在一次花园聚会上(花园聚会在查尔斯顿很时兴),我认识了罗伯特和希尔达·马克斯夫妇。对我来说,那次聚会一开头就是个灾难。我的鞋总感觉不对劲,站成一排欢迎来宾的时候,脚上更别扭了,还疼起来了。正是在我的脚疼得要命的时候,我见到了马克斯夫妇。我疼得脸都变形了,那种状况下我的礼貌客气就显得特别假。于是希尔达对我产生了很坏的印象。这个没完没了的聚会结束以后,我终于可以在长椅上躺下来了,这时约翰突然说:"噢!我的天哪!你的鞋穿反了。"

后来在另外一次聚会的时候我又见到了马克斯夫妇,这次我的鞋没穿错,大家都很尽兴。从那以后,希尔达、罗伯特和我就成了朋友。

在查尔斯顿,埃德温和约翰带我去过沼泽地公园,那里有各种长相怪异的沼泽鸟在我们头上成群盘旋,我们还去过美丽壮观的杜鹃花园。

跟埃德温和约翰在一起,我认识了很多朋友。其中一个是伊莎贝尔·惠特尼[1]的养子[2],他把惠特尼的一件袍子给了我,这是一件漂亮的日本袍服,我经常穿。我喜欢日本和中国的袍服,所有重大场合我都穿这种长袍。有一件是表哥约丹·麦西给我的,有两千年历史了。这是旧时只有去参见太后的时候才能穿的,一代一代传了下来。这件长袍最后辗转到了旧金山,约丹就是在那儿买的。约翰·休斯顿在世界各地旅行的时候就买过特别好看的古代长袍。

我再也不能随心所欲地匿名旅行了,得知这一点让我非常苦恼。从一处到另一处离不开救护车和担架,这太费事了。我的朋友都不得不到我这儿来看我,不过截肢以后,我希望活动能自由一些。

---

[1] 伊莎贝尔·莉迪亚·惠特尼(Isabel Lydia Whitney, 1878—1962),美国女画家。
[2] 戈登·兰利·霍尔(Gordon Langley Hall,生年不详,1922 或 1937—2000),又名唐·兰利·西蒙斯(Dawn Langley Simmons),美国作家。1968 年变性为女人。

本周我在重读《都柏林人》①。那个时候肮脏的都柏林街道上,怎么会爆发出这样一股诗情,我百思不得其解。

《一个青年艺术家的画像》②,我也是差不多每年都看一遍。

《尤利西斯》③,看得比较费劲,不合我的口味,虽然他影响了那么多作家。

《芬尼根的守灵夜》④,远远超出了我的理解能力,我只喜欢"安娜·利维娅·普鲁拉贝尔"这一节,因为节奏感好,还有一种古怪的诗意。

詹姆斯·乔伊斯有个孩子得了精神病,他们在一起的时候用同一种语言说话。乔伊斯大半辈子处于视力残缺状态,最后逝于手术台上。他的女儿在葬礼上认真地看着人们把她父亲放进墓穴,上面再盖起来。

然后她说:"好了,他在地下盖得严严实实的,听着人们都在说什么。很狡猾是不是?"

每次我想到承受艰难时刻的艺术家,就会想起詹姆斯·乔伊斯。有段时间,他养活自己和家人极为困难。《都柏林人》被禁了,好像还被烧过。《尤利西斯》被禁,世界各地都在盗版,而詹

---

① 《都柏林人》(Dubliners),詹姆斯·乔伊斯的短篇小说集,1914年出版。
② 《一个青年艺术家的画像》(A Portrait of the Artist as a Young Man),詹姆斯·乔伊斯的小说,1916年出版。
③ 小说《尤利西斯》1918年开始连载,1922年出版。
④ 《芬尼根的守灵夜》(Finnegans Wake),詹姆斯·乔伊斯的小说,1939年出版。

姆斯·乔伊斯当然没有从盗版中得到任何金钱。他得到的只有一个高尚的灵魂应得的盛名和光荣。

我妹妹的一个朋友是天主教神父①，他来看我的时候注意到我正在看乔伊斯的书，就说天主教会已经解除了对他作品的禁令。他是我的客人，所以我没法说，我心里的感觉其实是，晚了点吧。

巴黎的西尔维娅·比奇②出版了乔伊斯的书，缓解了他的生活压力。他和孩子们于是可以过得比较舒适了。

我但愿这些话也能用于名气不那么大的另一位作家，他的作品我同样珍视。斯科特·菲茨杰拉德③，总是欠代理人的钱；妻子神经失常，长年住院。斯科特狂放不羁，讨人喜欢，幽默风趣，不可救药。他才华横溢，《夜色温柔》④是他在心理状态极为恶劣的情况下写出来的。

我在看《老爹海明威》⑤。我一会儿看这本一会儿看那本。海明威心理问题的发展过程确实很复杂，而阿·艾·霍奇纳⑥的分析是比较清楚的。我不是海明威的崇拜者，但这是第一次我真正看出他是个男人，是个承受着痛苦的活生生的人。从本质上看，他天性快活，喜欢寻欢作乐，为人慷慨大方，很看重朋友情义。看了霍奇纳的书以后，我现在想重读海明威的全部作品了。他还

---

① 可能是耶稣会的彼得·奥布莱恩，麦卡勒斯生命中最后几年里他去看过她。
② 西尔维娅·比奇（Sylvia Beach, 1887—1962），侨居国外的美国人，她在巴黎的书店"莎士比亚公司"是侨民作家的一个活动中心。
③ 斯科特·菲茨杰拉德（Scott Fitzgerald, 1896—1940），美国作家。
④ 《夜色温柔》(Tender is the Night)，小说，1934 年出版。
⑤ 《老爹海明威》(Papa Hemingway)，1966 年出版的海明威传记，作者阿·艾·霍奇纳。
⑥ 阿隆·艾德华·霍奇纳（Aaron Edward Hotchner, 1920—   ），美国作家、编辑。

是个语言开拓者。他简短紧凑的句子是美国散文写作的一笔遗产。但是对他的多愁善感和假充硬汉，我感到悲哀。

我什么都看：房屋装饰、花草名录、烹饪菜谱……菜谱类的书我还特别喜欢，还爱看《纽约时报》，适于付印的[①]全都爱看。

*

艾达·里德尔是我家的主心骨。她是我妈妈的管家，也是我最可靠最贴心的朋友。她每件事几乎都能做到完美的程度——连我妈妈教她的怎么摆花都是这样。我家有租住的房客，管理房客这件事就非常需要机智得体，精于判断，善于交际。多亏了艾达，这么多年我从来没碰上过差劲的房客。她做饭也做得非常出色，约翰·休斯顿居然特地从爱尔兰打来电话，说他到的那天要吃她做的烤鸡和土豆拌菜。

她和约翰相处得很好，我们离开爱尔兰的时候，大家都流泪了：约翰、艾达，还有所有的员工。圣克莱伦斯[②]的爱尔兰人都喜欢她，其他地方的人也都如此。

我妈妈去世以后，对我来说她就取代了我妈妈的位置，所以她把我称为她的养女。

她处处为我操心，除了忙东忙西以外，她还是我的社交秘书。只有她记得谁来了谁走了。我的日常生活节奏也是她帮我调整，

[①] 暗指《纽约时报》的一个指导方针，即该报刊登"所有适于付印的新闻（all the news that's fit to print）"。
[②] 约翰·休斯顿在爱尔兰戈尔韦郡的庄园名称。

比如看书和工作的时间。别的人有来的有走的，可艾达一直在我身边，我谢谢上帝让我有了她。

与其说她是管家，不如说她是我挚爱的朋友，虽然她毫无疑问也是个优秀的管家。我知道，不管什么时候，无论她在哪里，白天还是黑夜，只要我需要她，她就会来。

*

我很绝望，所以我去找玛丽·默瑟，希望她能从专业角度为我提供帮助。我妈妈去世了，我亲爱的朋友约翰·拉·图什去世了，我病了，有严重的残疾。我在社会交往中认识的朋友里有几位精神病医生，恩斯特·哈默施拉格[1]、希尔达·布拉克（Hilda Bruck），还有几位，他们坚决主张我去找玛丽·默瑟。我也同样坚决地抗拒，不仅是因为佩恩·惠特尼医院的可怕经历我还没有忘记（到今天，有时候在痛苦不堪的情况下我都会想，至少我不在佩恩·惠特尼医院里），还因为我对精神病学本身就很抵触，不认为这是一门医学科学。我提出的理由是，最后一个离开我的就是我的头脑了，我不想让任何人来摆弄我的头脑。

默瑟医生住在乡下，据说专业是儿童的这类疾病。这好像应该把我排除在外了吧。艾达是我坚定的同盟。她知道我妹妹接受精神疗法有十多年了。田纳西也接受过精神疗法，他是完全支持的。于是，夹在艾达和田纳西之间，我经常是难以入眠，有好多

---

[1] 恩斯特·哈默施拉格博士（Dr. Ernst Hammerschlag），纽约的精神病学家，业余摄影家。

个晚上根本就睡不着觉。

我心想默瑟医生一定很丑，很霸道，总想侵入我灵魂中的某些领域。我应该给她打个电话的，像希尔达和恩斯特说的那样约个时间和她见面。就这个电话，我折腾来折腾去，竭力拖延。我拄着拐杖走到起居室，拿起听筒，放下，然后再重复这些动作，就是不打出去。最后终于打了，默瑟医生用她令人愉快的低沉嗓音和我约了时间。

那天去见她以前，我凌晨三点就醒了，到九点已经收拾停当，而预约的时间是十一点。艾达眼里闪着泪花。"怎么回事嘛，你没疯啊，大姐，你不过是心情不好，因为这些日子出了这么多倒霉事嘛。"

就这样，还不到约定的时间，我早早地就在默瑟医生的办公室等她了。纱门给我造成了一点麻烦，差点把我撞倒。到真正见到了默瑟医生，我大气都不敢出了。她是我见过的最美的女人，当时是，现在也是。她头发是深色的，眼睛是灰蓝色的，皮肤白皙。她的穿着总是无可挑剔，她窈窕的体型焕发出健康和优雅的光彩。她总是戴着一串珍珠项链。最重要的是，她的脸上透出内在的美，展示着她高贵的献身精神。

我不但立刻喜欢上了默瑟医生，甚至可以说是爱上了她，而且我知道自己可以把整个灵魂托付给她，而这一点同样至关紧要。和她交谈毫不费力。我生活中所有的反叛和焦虑我都交给了她，因为我知道她很清楚自己在触摸的是什么。五十分钟的预约时间结束了，她问我现在要去做什么。

"回家，把事情再从头想想。"

"我的午餐时间到了。"她说。然后让我大为惊讶而又欣喜不已的事情出现了,她问我:"愿意和我一起用餐吗?"

午餐中我们谁也没提精神病。我们聊书,不过大部分时间里是安静地吃饭。这第一次五十分钟谈话过程中她曾说:"我喜欢文字,可是我告诉你麦卡勒斯太太,我不想被你的文字诱惑。我看过你的舞台剧《婚礼的成员》,但是你写的书我一本都没看过。我想就保持这种状态,治疗全部结束之前,我不看你的书。"从那以后,每次谈话后我们都一起吃午饭,那成了我一天中心情最为放松也是最愉快的时刻。

治疗进展非常顺利,还不到一年,她就不把我当病人了。我们成了真诚的朋友,我不能想象生活中没有了我们之间的眷恋和友谊会怎么样。

我们讨论的事情五花八门,甚至包括一些没头没脑的事,像那次赫尔曼要咬我的头顶。赫尔曼是吉普赛·罗斯·李的猴子。吉普赛告诉我,她要给我一只猴子,我很高兴。我正住在她那儿过周末,就问她:"猴子呢?"

"在饲养人那儿。"她说。

这话应该引起我注意的,要专人养的猴子可不是我想要的那种小机灵猴子。

我在壁炉前面准备烤干我的头发,突然间那只没尾巴的大猿猴就进来了。它看了一眼我正在烤的头发,跳过来就把我的头发抓住了。

"吉普赛!"我大喊,"把这畜生揪下来!"

她叫来饲养人,那人拿来了一些香蕉。那猴子还不下来,在我头上淌着口水,我觉得我的头骨随时都可能碎掉。后来它总算是让那些美食迷住了,一边吃,一边放了我。我就此断了对赫尔曼的想头,秋天的时候买了一只刚出生的小拳师犬。

讨论利夫斯的事要困难一些。和他生活很难,描述他更难。

玛丽当然无法想象他年轻时的风采和俊美,只有我还记得,后来他的美逐渐变成了我显然不得不正视的堕落,这个时候我却只能对他进行描述,别的什么也做不了,除了劝他去找精神病医生。从一个值得骄傲的人,他一点一点地走下坡路,直到不惜欺诈、偷窃和谋杀未遂。

玛丽理解。利夫斯偷偷混上玛丽女王号邮轮,威胁说我要是不回心转意他就从船上跳下去,这种做法她并不认为有什么浪漫。她感觉得出来,正如我心知肚明的那样,我们谈论的是一个毫无诚实可言的人,同时也是一个潜在的杀人犯。

赫维·克莱克利[1]写过一部经典著作叫《精神健全的面具》[2],从那本书里我能看到利夫斯的真实写照。精神变态的人往往看上去很有魅力。他们生活靠的就是他们的魅力、他们的美貌,还有他们妻子或者母亲的软弱。

在治疗过程中,我突然意识到第一次发现他偷窃是什么时候的事情。我对默瑟医生讲了当时的情况,那次是我们离开了费耶特维尔搬到纽约市的一间屋子里,因为我的两本书马上就要出版了,先是《心是孤独的猎手》,然后是已经写好的《金色眼睛的映

---

[1] 赫维·克莱克利博士(Dr. Hervey Cleckley, 1903—1984),精神病学家,《三面夏娃》(*The Three Faces of Eve*)一书的作者,佐治亚大学医学院的医学教授。
[2] 《精神健全的面具》(*The Mask of Sanity*),初版于1941年,后多次修订。

像》。对我来说，世界应该是很美好的。我付出了那么多辛苦，终于完成了工作，可以好好休息一个月了。

利夫斯卖掉了我们已经用不着的车，因为他打算在纽约找份工作。第二天上午，我问他卖车的钱在哪儿，他说放在梳妆台上了，后来就再没看见。我找遍了梳妆台，所有的抽屉都翻了，还是没找到。我甚至去找了房东，问她那些女仆是否都很可靠，她把我骂了出来。就这样，我第一次出书这件高兴事因为利夫斯的谎言而失去了光彩。那时我们结婚四年了，我没法相信他会做坏事。

几个星期之后我就不得不相信了。我告诉默瑟医生，后来我到雅都去写作了，我父亲给我打电话，问我有没有注意到我银行账户异常。我一头雾水，说没有啊。然后我爸说我签了好多支票，金额已经很大了，银行知道我用钱很仔细，怀疑这些签名有可能是伪造的。利夫斯现在已经不在了，即便如此，我感觉还是要把这些事说给默瑟医生听，好让她对我和我与利夫斯的关系有个更清楚的了解。

"可你们还是有过很幸福的时候吧。"她说。

"有过，"我说，"我记得有天晚上我们爬上斜坡房顶，就是为了看月亮。我们曾经很愉快，所以才很难接受那些事。如果他一向就很坏，那倒是轻松了，因为我完全可以离开他，用不着经历那么多挣扎。而且别忘了，我写《心是孤独的猎手》和《金色眼睛的映像》那会儿，他对我来说意义非凡。我全神贯注于写作，要是饭做糊了，他从来不骂我。还有一点更重要，我写的过程中，他每一章都看，都评论。有一次我问他，他觉得《心是孤独的猎手》好不好。他想了很长时间，然后说：'不，不好，是太棒了。'"

卡森与利夫斯·麦卡勒斯
二战书信选

Illumination and Night Glare

利夫斯致卡森
1944年10月10日
卢森堡

我最亲爱的卡森——

　　天快黑了,浓雾从北面滚滚而来。这里周围的城乡景色很像书里描写的德国,我们一起读过,还一直想到当地看看。时代不同了,这里的生活很惬意,也很简单。人们没什么变化,和以往漫长的岁月里差不多。

　　哪怕是从现在起的二十四小时内我死了,我也算是过了一个很愉快的下午。我们坐车出去执行公务,开了一阵子以后在边境小镇上一个很舒适的旅馆前面停了下来。很像凯·博伊尔[①]在《雪崩》里描写的法国边境上那种。干净,清新,有白桌布。人都是德国老人,转移到这个国家来的。静静地坐着喝荷兰杜松子酒和啤酒,用不着和谁说话,看着窗外的群山,感觉真是太好了。这地方有一种家的气氛,人们安安静静,干活手脚利落,十分好客。真希望你也在。

　　这场战争有强烈的治愈作用。突然一闪之间,就有了这么个下午,所有的枯燥、恐惧、厌恶似乎都可以忍受了。有一两个小时独处,能自己胡思乱想,是一件多么愉快的事。打仗的恐惧之一就是,各种感官得到的印象是强加于你的,根本来不及也容不

[①] 凯·博伊尔(Kay Boyle,1902—1992),美国女作家,《雪崩》(*Avalanche*)是她的长篇小说。

得你去想愿不愿意接受。夜晚是一天中最可怕的时候——哪怕并没有交火。

可就这么一个小时左右就能让人精神焕发，现在再坚持一两个星期我都没问题。

我想战争正在改变我，还会带来其他改变，不过我不想变得老气横秋。和你一样，我也希望保持生活中的新鲜和期待。我们要去发现和经历的东西还多呢。我们一定不能向那种绝望的观念低头。

天黑以前还有些事要做，就写到这儿吧。

你的，
利夫斯

*

利夫斯致卡森
1944 年 10 月 17 日
卢森堡

我亲爱的——

这里今天天气太好了！我宁愿什么都不要，只要你能在这儿跟我在一起。我正在卢森堡一个小镇上，坐在一个舒适的小咖啡馆里，喝着加香料烫热的葡萄酒，面朝德国方向观赏着群山。唯一不完美的就是没有你在身边。

Illumination and Night Glare

我们**会**再见面的,是吧?我最亲爱的!上次在一起已经是很久很久以前的事了。我们有那么多愉快的时光可以聊天,我们有那么多可以一起去看去做的事。为了我们,把你的手指叠起来,说这些都能实现吧①。

这里天气一直很冷,雨雾蒙蒙,不过偶尔也会阳光灿烂。今天的山景十分美丽,满山都是秋天的五彩缤纷。山谷对面的德国看上去也是同样。这里的葡萄酒很好,喝下去肚子里很暖和。

欧洲有些地方你会非常喜欢的。我想你会喜欢我现在待的这个小国家。这里的人不错,很勤快。我在这里还没碰见过很穷的人家呢。他们身体结实健康,能说英语的人不少,让人吃惊;有些地区小孩是一年十二个月都上学。他们聪明机灵,不乞讨也不哭闹——不过法国和英国小孩过去也是不乞讨不哭闹的。

我住的地方有个特别可爱的意大利小男孩。他是难民,妈妈在巴黎工作。他是那种早熟的漂亮男孩,长得像浮雕一样美,就像《魂断威尼斯》②里的那个孩子。他十三岁,能流利地说四种语言。他跟着我到处走,把我对美国所有的知识都快掏空了。我真想把他带回国,我们俩收养他。

此时我们部队正在休息,我们屏息静气,希望时间越长越好。我想时间不会很长了。我感觉前面的战斗更多、更残酷,是欧洲从来没有经历过的。总体来看,敌人不会正式投降,我们不得不把他们打得粉碎。然后就是日本。

---

① 中指放在食指上,表示祈求好运。
② 《魂断威尼斯》(*Death in Venice*)是托马斯·曼的中篇小说,有改编的电影。

我旁边的桌上有四个胖胖的平民一边打扑克一边喝啤酒。一个小姑娘坐在炉子边上准备功课。角落里一对老夫妇喝着温热的葡萄酒谈钱的事。美国不允许自己在这里开设这种场所,像英国酒馆、欧陆咖啡店什么的,这太可惜了。

这里的生活对我们来说暂时还是挺好的。最想念的是香烟——美国的。根本就没有。我们抽的是当地人做的那种,从马粪里面拣出来,干透,用纸卷起来,这就叫香烟。但我听说美国也香烟短缺。我五天没喝咖啡了,不过这没啥——其实也挺好。和88炮弹的爆炸声、MG42机枪和短冲锋枪[①]子弹的呼啸声相比,缺什么我都愿意。什么都不如安静地坐着整理思绪更为愉快,更令人神往。生活美好而甜蜜。有那么多东西都不像我们想的那样不可或缺。

每天我都在想你怎么样了,你和贝贝[②]在奈亚克安顿下来了吧。这两个月的情况我完全不了解。上次得到你的消息以后又过了这么长时间。我知道你写了信,还可能发了电报——可我还没收到一个字呢。

见信后给我写信。

爱你,
利夫斯

[①] 都是二战中的德国武器。
[②] 卡森的母亲。

*

利夫斯致卡森
1944 年 11 月 8 日
卢森堡

我亲亲的宝贝卡森——

昨天经历了自登陆日以来对我而言最重大的事件之一。我一共收到了十八封信——这是 8 月 20 日以后我第一次收到来自美国的邮件。大部分信是你的,这不用说,——最后一封日期是 10 月 22 日。有几封信是妈妈写的,一封是汤姆的,还有约翰·文森特·亚当斯的,康托·艾尔弗雷德·康托罗威茨(Kanto Alfred Kantorowicz)的,还有一封《步兵杂志》的讨债信和一封《常识》的征订信。每封信我都喜欢看。

我独自躲进一间屋子里看信,把我用酒壶装的苏格兰威士忌也打开了,那是为极端紧急状态准备的。(酒壶十分精致,一个卢森堡人给我的,前不久我们在他家住过。我想一有机会就把这个酒壶给你寄去,好好替咱们保存吧。)

噢,我心爱的卡森,你这些信太好了,太好了。我从第一封看起,全都看完了。得不到你的消息我内心里都快发疯了——虽然我很清楚什么原因,因为我换单位了,而且我们经常处于机动状态。我就知道在这段没有生气没有音讯的时间里,你是一直在给我写信的。

我并不是在该写或者想写的时候都能写。我们一直很忙。此刻我们在一个比较安静的地方停留下来时间还不长。今天其实是第一次有了点条件静下来写信。尽管如此，外面还是炮弹呼啸爆炸声不断。我不会跟你说这儿没什么危险，因为危险其实就在眼前，死亡天天上门。出于某种数学上的原因，我的运气一直不错，比如11月8日下午，我就还属于生存者这个范围。

卡森，因为你后面几封信里透露出那种口气——你极为焦虑，担心得要命——我不得不再说一遍。你**必须**对我有可能出事这一点做好心理准备。你必须意识到，方圆一百英里之内的欧洲这个部分，正是地狱的中心——然后你必须考虑的是生存的可能性。我不愿意说这些，但是我必须把实情全部告诉你。我知道你爱我，而且爱到**什么程度**，我对你的感情决不会改变。相信我，我离死亡越近，越理解死亡，就越热爱生命。我能想到自己的时候，我的思绪就会一下子跳到我们将会一起度过的愉快时光，和我们将会共同拥有的美好经历。这是所有这一片混乱中唯一重要的事情，是我能抓住不放的唯一**想法**。但是，卡森，我此刻所处的位置和你不同。你有别的东西要抓住不放，你一定不要失去那些东西。

我写的过程中总有事情打断，我尽量写吧，能写多久写多久。你到欧洲来的事我只存一半的希望。就算你真的到了欧洲，要等到希特勒的这场战争结束我们才能见面，这机会也太渺茫了，想到这一点就特别悲哀。你看，我属于处境尴尬的"参战军官"，没有时间休假，家属不能到前线探亲。条例条令里没有这一项，亲爱的。但是再见到你会成为让我恢复理智的奇迹。

你其他的打算我不太清楚。踏进沼泽、泥泞、污秽、鲜血，你会觉得现在的欧洲完全陷于大革命式的疯狂状态。我知道我写过几封很可爱的信，如玫瑰色般浪漫，讲这个花园似的地方人有多么好。这个国家在纳粹统治下遭受的痛苦比其他地方要少，我说的都是真的。可是，上帝啊！其他国家里是一塌糊涂。那种充满仇恨的虚无混乱令人难以置信。我知道你们搞创作的人脑子里并没有和平安宁的港湾，可是到这儿来看得深一些、细一些，你就只能看到连但丁①和戈雅②都忽略了的那种丑恶。大多数人的感觉是，这场战争离结束还早着呢，除了法国的部分地区以外，战争朝哪个方向延伸都有可能，所到之处，一切都会灰飞烟灭。真的，欧洲很多人都是这种感觉，只有全体总投降才能让他们相信死亡已经远去。神经系统预感的全是危险和死亡的时候，身体和大脑不会正常，不会理性。

可是如果你能想办法拿到一个派遣任务（你愿意的话，我也愿意），我希望你能去你想去的地方，做你想做的事——**包括**我们找个地方见面。你要是真来，可能会在伦敦停留。给我发电报吧。还有，把你在伦敦或者巴黎的联系人姓名和地址告诉我，如果到那时战争结束了，我们怎么也能联系上。

没有盟军政府③的任何消息，恐怕我的材料给埋到哪个部门办公室的文件堆里去了。这两个月我没时间也没机会打听他们的

---

① 但丁·阿利基耶里（Dante Alighieri，1265—1321），意大利诗人，欧洲文艺复兴的代表人物之一，著有长诗《神曲》，分为《地狱篇》《炼狱篇》《天堂篇》三个部分。
② 弗朗西斯科·何塞·德·戈雅–卢西恩特斯（Francisco Joséde Goya y Lucientes，1746—1828），西班牙画家。
③ 全称为盟军占领区同盟国军政府（The Allied Military Government for Occupied Territories），英文缩写为AMGOT，后改为AMG，二战期间盟军在其欧洲占领区成立的临时军事管理机构，1943年7月西西里岛战役之后成立。

情况。这边的事结束以后,如果太平洋战场不认为我属于"重要人物",我肯定是面朝自由女神像而去。然后登陆,买张票去奈亚克,或者到你说的任何地方去见你。只要能见到你,我知道生活中出现的任何问题都好办。

亲爱的,你要是来的话,一定要注意身体。特别要注意保暖。你的肠胃和我不一样,必须注意饮食。说实在的,我希望你找个工作到欧洲来,因为我知道你想这样,觉得有这个必要。我一向信任你的决定。我们都知道再次见面意味着什么。我们要说的话太多了。

我收到了康托的信,很高兴得到他的消息。我想马上就给他回信。他说了些挺有意思的事,还问了几个和欧洲这场战争有关的问题,我会尽力解答。

文森特现在住在奥兰多,他有了三个孩子,而且是陆军航空兵团的少校了!这小子是我认识的人里最最能[1]靠他的嘴皮子挣好处的人了。不过我怎么也不会忌妒他,在前线当个中尉我挺满意的。我想要的孩子也就是一两个,我自己挑,然后收养。收到文森特的信太好了。你要是想给他写信的话,他的地址是佛罗里达奥兰多美国空军基地。

汤姆在加利福尼亚差不多安定下来了,正准备去读书。他在啤酒厂找了个工作,说自己工作很努力。他老是离倒霉的步兵远远的。

我们在纽约的朋友好像都过得不错,生活稳定下来了,除了你、我,大概还有凯。你我的那一天会来到的。

---

[1] 原文如此。

关于战争，我说什么其实都没用。你那儿有新闻，我要听到新闻可得好多天以后了。我们这里有的时候一个星期都听不到外界的消息。对我们这些倒霉蛋来说，和一千二百英里之外发生的事相比，这条战线上离我们一千二百码远的地方发生了什么事可重要得多了。

我想不出战争什么时候能结束。我们只是每天都在焦急地等，盼着哪天消息传开说"结束了！"。但是如果要把无条件投降解释给一个弗吉尼亚的农村孩子或者一个宾夕法尼亚的钢厂工人听，问他别的选择行不行——不管他见过多少次战争行动，也不管此刻正在采取什么行动——他会说，"＿ 他的①，不行！得把这些杂种消灭光。"哪怕是公司里的几个知识分子也会这么说。政治大傻美国士兵可是通过艰难困苦来学习的，学到的却是学校里早就该教他的东西。

我跟现在这帮兄弟相处两个多月了，一起到西部地狱里的一小块地方走了一趟。他们都是好人，我为他们骄傲。他们的幽默感支撑着我。有时我觉得自己的神经都要绷断了，可只要看看他们我就知道了，他们承受的压力不说比我更大吧也差不多，我能完成要求我们完成的任务，多尽点力也没问题。他们的互助之爱及关心对我来说仍然是生命的一种奇迹。

我得打住了，我最亲爱的。你永远在我心里。

永远是你的，
利夫斯

---

① 原文如此。

后续——

也许有时间再写几句。别担心圣诞礼物寄到我原单位的事——我会收到的。谢谢你想到我。你的礼物会让我很开心。我寄过袜子和毛衣,因为我们那个时候供应很好。后来我的东西差不多都用破了,你的礼物正好用得上。我们在哥伦布最后一次见面的时候你送了我一件漂亮的蓝色毛衣,还记得吧?从我离开英格兰的那个下午起我就一直穿着,很暖和。原来的颜色掉了,但是毛还很好。这件毛衣有点像是我的护身符了。

向贝贝转达我最热情的爱。多少次了,我想到我们一起共享欢乐的时光。你和亨利·瓦纳姆·普尔一家,和凯还有其他人一起喝茶、聚会,这些事听起来是那么遥远,那么文明。我多么渴望和活生生的人们重新相聚。有些人死了或者失踪了,但是我在英格兰还有些朋友,我希望我们有一天能找到他们。在欧洲大陆的法国和我去过的其他地方,因为时间关系,都只有泛泛之交。

小阿曼多,就是那个意大利难民,我想我在另一封信里说过他引起了我的兴趣。十天前我又看见他了,他比原先更有魅力了。不久前我见到一位卢森堡的学校老师,他在比柏林更远一点的一个集中营里关了很长时间以后逃出来了。他肚子里可有些精彩的故事。他一贫如洗,不过我相信他会扛过去的。我们喝了一瓶法国白兰地,聊了好几个小时。我总算让他明白了他有多幸运——不管怎么说,他回家了。

必须打住了,我得去查哨。初雪降临,覆盖了地面和树林。天快黑了,麻烦即将开始。有人会把这种景色称为美,其实并非如此。美暂时不存在——不管在哪儿。

很抱歉以这么让人不舒服的调子结尾。希望是**存在**的,留下来的**还有**爱。

利

*

卡森致利夫斯
纽约,奈亚克
1944 年 11 月 12 日

利夫斯我亲爱的:

昨天邮差终于送来了你的一封信,信上的日期是 10 月 10 日——我想你一定是那一天里写了两封信。可是想想吧,亲爱的,走了整整一个月才到这儿!得知我的信没到你手里,真让我伤心。噢,我多么希望现在你可以按时收到我的信啊。

现在战况公报偶尔会说明部队番号。亚琛周围的战斗提到了第 29 步兵师,巴顿在梅斯附近的进攻点了六个师的番号。我看得很仔细,希望看到第 28 步兵师的消息——或者不如说是害怕,而不是希望有这种消息,因为那就意味着你在作战。

今天这儿是星期天,阳光灿烂但是很冷。凯瑟琳和我们一起度周末,昨晚我们都去了普尔家。贝茜·布鲁尔做了一道特别棒的烤小牛肉,还有几个"南方"菜——羽衣甘蓝[①]和红薯。我们

---

① 卷心菜的变种,区别在于中心不会卷成团。

围坐在火炉边，喝着威士忌聊天。然后，大概半夜吧，我们到安德森家去了，他们那儿有个聚会。两点左右亨利开车把我们送回了家。所以今天上午我觉得人整个都垮了。你知道喝酒太多以后那种糟糕的感觉，那种内疚和绝望的赎罪感。良知的忏悔，如乔伊斯所称。——真希望我们能有一个小时在一起，在树林里走走，或许再来上几杯啤酒，然后这些恶劣的情绪就都会消失了，我知道的。

亲爱的，我想邮政的情况现在一定有了改善。我盼着明天再收到一封信——是你后来写的，告诉我你收到了我原先的那些信。

我们这座房子里最近可是乱了一阵子。有个年轻的学校老师，就住在我们那套公寓再过去一点。星期三，就是选举后第二天，她突然不见了。一点儿线索都没有——她是9月份才搬来的，在奈亚克没什么朋友。房子里一片蓝色，全是警察，把每个人都折腾了一通。她家里人也来了，他们的大儿子最近刚刚阵亡，所以真是特别伤心。不知怎么回事，这个姑娘三天不见踪影——不过今天上午听说找到她了，更多的详细情况还不知道。

最亲爱的利夫斯，请照顾好自己。我要出去走一走了。树木萧索，一派冬天景象，哈德逊河上灰蒙蒙的，非常冷。我会想着你，一如既往——

你的，
卡森

*

卡森致利夫斯
纽约，奈亚克
1944 年 11 月 21 日

利夫斯我的天使：

　　今天早上降下了今年第一场雪。窗外是飞舞的雪花；哈德逊河蒙上了一层白色，河边只有一座带两个红砖烟囱的棕色小房子，孤零零的，看上去比平时更寂寞。我到街上去走了走——可是雪都化了，小巷里的灰坑和湿漉漉的人行道一副凄凉模样。我们曾经都很喜欢这种时候的啊。记得吗，亲爱的，在麦克森家的时候那场初雪——软软的、浅蓝色的雪在外面的门廊上堆积起来——我们围着墓地散步，然后开车出去喝啤酒。我们总是把第一场雪当成节日来过的。今年的初雪没有你，真寂寞。

　　我还是没有收到信。我越来越焦虑不安，烦躁得很。我等待着，可是一个字也没有。收音机里说发起了新的攻势——而我是在各种报纸上寻找第 28 步兵师的消息。下午的邮件可能会有信吧。

　　我在城里过的周末，星期天下午离开城里，蒂耶姨妈[1]还在这儿。我在莫里斯家过夜，不过我们都到凯家里去参加了一个聚会。凯伦·米歇利斯在那儿，康托和路易丝·雷纳[2]（你记得她演

---

[1] 卡森的姨妈"玛蒂"，玛莎·埃尔芭·沃特斯·约翰逊太太。
[2] 路易丝·雷纳（Luise Rainer，1910—2014），德裔美国女演员。

的《大地》①吧),还有新方向出版社的詹姆斯·劳克林②,聚了不少人呢。埃迪塔·莫里斯把吃的东西带到凯家里,因为她正在搬家。我们吃了龙虾、瑞典食品,喝了好多不知什么品种的烈性含酒精饮料,都是装在桌上的大水罐里的。六点钟我们在桌边坐下来,然后就没动过,除了换换座位,一直到凌晨两三点。好几年没参加过这种聚会了——不得不承认,生活中来点儿改变还是挺有意思的。可我还是想你,盼你。我觉得你会喜欢这种聚会的。第二天我又去了凯家,她一个人在空荡荡的房子里,带着三个年幼的孩子。我离开的时候心里很难过。

其实我常去城里并不太好——会打断我的工作。而且你也知道我不是很喜欢聚会的人,除非偶尔为之,还得是我知道工作完成了才行。

雪花越来越薄,越来越细。天很冷,天空泛出凛冽的青色。窗玻璃上的雪化成了水,风摇撼着窗子。你要是在,我们可以舒舒服服地喝上一杯,下一盘棋。明年初雪时分,我觉得我们能在一起了。今年这次,我权当它没有吧。我很担心,也很悲伤。

保重,亲爱的。

永远是你的,
卡森

---

① 《大地》(*The Good Earth*),美国女作家赛珍珠(Pearl S. Buck,1892—1973)的小说,1937年拍成电影。
② 詹姆斯·劳克林(James Laughlin,1914—1997),美国诗人,新方向出版社(New Directions)的创始人。

*

利夫斯致卡森
1944 年 11 月 22 日
德国

我最亲爱的人，

我这里现在是感恩节前夕，下着雨，寒气逼人。昨天下了雪，现在已经是一片泥泞。感恩节周末曾经是多么愉快的时光啊！记得吗？我小的时候，并不是只有堆积如山的美食供人们大吃大喝，而是还有各种应节的游戏，那个时候，你可以一个人跑出去，整个周五周六都在树林里逛，找好玩的东西。那会儿的天气也好像和现在不一样——总是清澈寒冷，阳光灿烂。

我们这些可怜的悲惨的劫后余生的人没多少可以感恩的——也就除了我们还活着这点事以外吧。可就这个，也成了按比例分配的事，那比例简直就是可怕的幽默——在德国人的炮火下能活着就是个笑话。做点像写封信这种正常的事感觉有点古怪滑稽，因为下一秒钟就有可能一发延时炮弹爆炸，把你的脑浆和骨头炸成碎片，弄得我们今天住的这个地下室里到处都是那些东西。这是我们见过的最毛骨悚然的场面——老兵也受不了这个。外面的喧嚣吵闹简直难以想象——轻武器交火的声音噼噼啪啪像雨点一样。到处散落着双方军队和各个民族的死人。你就看不见没有炮弹坑的地方；一个市场大小的镇子里只剩下一座建筑还有墙。有两天时间，就在我们门外躺着一个死去的德国人，一只猫每天两三次去啃他的躯体。然后这猫就安安静静地慢慢走下台阶等着人们去爱抚它。弟兄们气坏了，有人说真想拎着它的尾巴不管它怎么叫把它扔到外面的枪林弹雨里去。有一次这只猫还走过去蜷缩在那个德国死人的胳膊里睡觉。它倒是过着平平安安的日子，可能比哪个盯了它四十八小时的人还活得长呢。

突然周围就静了下来，五分钟，十分钟，二十分钟，静得不像这个世界上的事。然后就看见一辆吉普，或者有人在防线上运动，要么就是伸出头来，接着就是该死的德军全面开火。然后就是我们的各种轻重武器开火，7月4日的焰火[①]重现。

战争的这个阶段，按政治家的说法就是"消耗一个民族成年人中的精英"。一个县、一个社区或者村镇所有的男人可以在十分钟之内消灭殆尽。这是一场直接落到所有人身上的战争——路边和田野里到处可以看到死去的平民百姓，和阵亡的士兵混在一起。带屋顶的房子是稀罕物。这些场面都让人想起戈雅画中的西班牙战争。

对所有人来说，这里是尘土、泥泞、寒冷和极度的疲惫。和所有人相伴的是极度的恐惧。对弱者来说，死亡是一种解脱。强者战斗着，坚持着，直到大脑和身体失去联系。

几天前，艾森豪威尔将军说了一句令人振奋的话。从中可以听出，战争有望在元旦前结束。德军已经给打得差不多了，他们退回莱茵河那边被迫放弃布拉格以后就会全面溃败。即便是坚守

---

① 7月4日是美国的独立日，放焰火是一项重要的常规庆祝活动。

在这里号称精锐的这支部队里，士气也不高。我们的普通士兵不会考虑投降，除非投降意味着用自己和其他人的生命来换取更有利的结果，他们甚至害怕被捕。而德军的普通士兵却是寻找放弃的机会。每天晚上都有人偷偷越过防线来投降。但这并不意味着就没有人愿意战斗到死。那些用惯了干草叉的平民和十到十二岁的孩子操纵着迫击炮，他们对我们可是毫不在乎——这就是那些胡说八道的宣传造成的结果。

那天见到了我的那帮老战友，感觉真好。很多人还活着。他们想念我，也说起我。布雷斯特一仗以后他们就没打过仗了，可我们还是忙个不停，这反差也太大了。

我的战友都不错，都身经百战——而且很勇敢。夜晚我们大部分人都在散兵坑里，白天可以撤回地下室，这上面原来有座房子的。此时此刻，有人在睡觉，有人在休息，互相蹭脚。（这里很容易冻坏手脚。）其他人就跟我一样坐在桌子边上，就着微弱的灯光给家人写信，吃K口粮①，发牢骚，说笑话，侃八卦。时不时地有人讲个特别可笑的事，大伙儿就都停下来，莫名其妙地左右看看，再大笑起来——这个时候，外面的炮击啦什么天翻地覆的就都不算事了。

卡森，亲爱的，我只写眼前的事，因为我只能想到这些——此时此刻我拥有的也只有这些。

我不是在写"遗书"，让他们在我阵亡后寄给你的那种。首先，后事如何我都和你说过；其次，在这个地方就是写了也没人

---

① 美军二战期间配给的野战口粮极为丰富，分很多种，多为真空小包装，即食或简单加热即可。这里的K口粮（K ration）是一箱供十二人一天的口粮。

115

可给——因为要是我完了，很可能他也完了。我敢肯定，"遗书"这种事只会发生在写第一次世界大战的小说里，而且只和年轻的英国官兵有关系。

真要说的话，我的遗言无非是：我认识了你，深深地爱上了你。认识你，和你在一起，你也爱我，是我一生中最重大也是最美好的事。我觉得你是独一无二的。但愿我生命中所有的时光都靠近你，和你在一起。很有可能我们还会有很多岁月一起度过。

但是，我们都很坚强，都可以靠自己的内心生存。我们能做到这一点很可能是我们之间关系的一个秘诀；有段时间我们会极为思念对方，但我们也会从这种痛苦中恢复过来。其他深爱着的人也会失去对方，他们都很勇敢。轮到我们的时候，我们也会勇敢。

像你一向如此的那样善良温和吧。努力去发现和创造生活中所有可能出现的美丽。

祝圣诞愉快，愿1945年对我们所有的人都是一个和平之年。

一如既往的，

利夫斯

（见背面）

又及：我们都认识的人里还有些人是我想写信的只是现在没有时间而且我此刻脑子里想到的只有你。代我向他们问好告诉他们如果上帝允许我们以后会好好聊。

利

*

卡森致利夫斯

纽约，奈亚克

1944 年 11 月 22 日感恩节

利夫斯小可爱！

今天真高兴！电报是昨天到的，我当时正在寄信，那封信不长，就是看见初雪降临比较伤感。现在一下子又收到**两**封信，后面这封是你 11 月 8 日写的。上帝啊，这我就放心了！可是看到你两个月都没有收到我的信，我差点哭出来——如果你只收到十八封信，里面还有别人写的——那么我的信就**没有**全都到你手里。想到我的信在路上就丢了或者让人扔了，真是特别恼火、特别丧气。

你写的卢森堡的事我全都喜欢看。但我也想到了前线战事的残酷。不，我不愿意也没法"做好心理准备"去想你可能出事。我脑子里就是不会那样想。你不该这么要求我。我必须**相信**生命——特别是你的生命。

亨利有个说法，那是他从上次世界大战的经历中总结出来的，就是说一个人的运气和他对生活的热爱及对未来的希望成正比。他跟我说过他一些战友的事——很多都是从南方最苦最穷的地方出来的孩子，脑子里带一点考德威尔[①]-福克纳[②]式的虚无主义，

[①] 欧斯金·普雷斯顿·考德威尔（Erskine Preston Caldwell，1903—1987），美国南方作家。
[②] 威廉·卡斯伯特·福克纳（William Cuthbert Faulkner，1897—1962），美国南方作家。

还有点精神贫困;亨利说他们的伤亡比例明显要高。所以,利夫斯,这个事这么想就行了,**我知道**你会挺过去的——你面前有那么丰富多彩的世界,有对未来那么多各种各样的承诺呢。不过,虽然我这么说,我也总是生活在这种紧张忧虑中。现在只有天知道这场战争什么时候能结束了。你说得对,我也不认为所有的德国人都愿意投降。

利夫斯,你**必须**答应我,欧洲战事结束,开始往太平洋运兵的时候,你要利用好你**全部**的作战奖励等等——不过我知道,作为一种个人要求,我不应该这么说。我绝对不是要在你做重大决定的时候影响你。我要你自己做决定;我们以前谈过这一点的。噢,可这是需要努力克制的事,要是我能相信你夏天以前能回来,我就不会去想了。——我不再唠叨这些了。

今天天气晴朗,阳光很好。太阳是出来了,可空气是冰凉的。康托和弗丽德尔·康托罗威茨[①]要来和我们共进感恩节晚餐,路易丝·雷纳和他们一起来。我知道,亲爱的,这些活动和你提到的我们和"普尔家还有凯一起喝茶"那种小聚会都离你非常遥远。离我也很遥远,利夫斯。我给你写这些是因为我想把我们在干什么全都告诉你——而且我知道你喜欢康托、凯和普尔家的人。不过再回到感恩节这件事上来吧,我们看到的消息说所有的士兵今天都能吃到火鸡——尽管我不太相信,除非你写信告诉我。我们要吃的是一只填牡蛎的大母鸡,"乡下队长"(我在信里给你写过的那个新菜),填馅的茄子,妈妈正在做南瓜馅饼。她和丽塔正在厨房里忙呢。我们都说你会喜欢这些菜的,说了一遍又一遍。不

[①] 弗丽德尔·康托罗威茨(Friedel Kantorowicz)是康托·艾尔弗雷德·康托罗威茨的妻子。

过你回家那天，我们会做几个比这还好得多的菜。也许真是火鸡，要么就是一大块烤牛肉。

凯那首诗到底写得怎么样，我可是特别想听你的看法呢。她觉得约① 很快就要接受下一个任务了。

这个周末过完我就轻松了，可以继续**每天**工作。不管怎么说，你知道的，组织好的娱乐活动对我从来没有太大的吸引力。

看起来我今年冬天去法国的可能性很小了。很抱歉我在信里告诉你我要去。

快十二点了，我得给洁茜② 简单写几句，然后到厨房去给妈妈和丽塔帮忙。亲爱的——还是这句话——保重。你无法想象你的电报和那两封信对我有多大的作用！祝福你，亲爱的。

卡森

*

卡森致利夫斯

纽约，奈亚克

1944 年 12 月 3 日

利夫斯亲爱的，

这个星期十分忙乱，什么也没写出来。首先是有四五天时间

---

① 指凯·博伊尔的丈夫约瑟夫·冯·弗兰肯斯坦（Joseph von Franckenstein，？—1963）。
② 利夫斯的母亲洁茜·洛兰·温·麦卡勒斯（Jessie Lorane Winn McCullers）。

我不舒服——有点发烧,等等。然后是玛莎·约翰逊来了,星期五星期六都是在这儿过的——你知道家里有来客我根本坐不住。不过现在让人难受的发烧已经过去了,我的身体已经全部恢复。又可以清静下来开始工作了。

现在是星期日傍晚。地平线上的天空是美丽的浅玫瑰色,空气极为寒冷。我们装上了挡风雪的窗子,很有用。我一直很担心你,不知道你们现在忍受着什么样的恶劣环境。还是没有你的消息,不过明天是星期一,我极度渴望能收到一封信。

我想给你寄些香烟,结果太失望了。不知什么缘故,过了10月15日就不许寄包裹了。好像是说现在要收件人写一个书面申请才能往法国寄包裹。挺怪的——不明白为什么。可是我在报上看到,驻海外部队现在是每个星期收五个包裹。你周围一定有不抽烟的人吧,可以让他们给你一两包,这样你就多点了。

今天下午看了伊夫林·沃[①]的《一抔尘土》(*A Handful of Dust*)——十分精彩的一本书。很奇怪为什么从来没看过。

安妮·普尔希望很快到中国去。有的时候我感觉特别烦躁孤独。我真想到法国去,要不然就——差不多哪儿都行。但我会想办法把身体养好,努力工作。也许以后有人会给我个记者的工作呢。

今天特别想你——我星期天总是这样。我想着我们可以一起做的各种事情——看书啦,傍晚一起散步啦,还有冬日里星期天晚上那种舒适的感觉。

保重,最亲爱的。请尽快给我写信。你来信的间隔时间长我

[①] 伊夫林·沃(Evelyn Waugh,1903—1966),英国作家。

就很担心。

到六点新闻时间了,我要到另一间屋子去。要暂时说再见了,利夫斯。记住我是多么爱你。

卡森

*

利夫斯致卡森
1944 年 12 月 3 日
比利时

我亲爱的卡森,

三天前(像是很多年以前的事了)我收到了你 10 月 30 日、11 月 5 日和 7 日的来信。正好在一轮三十分钟的密集炮火期间,邮务兵从我的洞前爬过,给我扔进来这几封信。我昏头胀脑,忙着应付手头的事,今天才有机会看信,明白有人给我写信了。信都不长,可里面的字字句句都滋养着我。

我在阵地上挨炮轰撑了十二天,一直是又冷又潮湿。不知是风湿还是什么开始让我的髋部很不舒服,所以老伙计把我送回来休息一两天。暖暖和和休息了一晚上,我现在好多了,明后天就回阵地去。髋部问题不大,我现在感觉不错。只要不让德国人的弹片和子弹碰我的要害我就没事。

昨天晚上(我是昨天下午来的)真是有点啼笑皆非,他们告诉我说我得在床上躺着，不能去看医院里放的电影——对不起了。呵！这可是兄弟兔进了荆棘树了[①]。今天医生说不要走动太多，要待在炉子边上，要么就躺在床上。这里的治疗和服务都一流。这是比利时境内紧靠边界的一个医院。他们好像很懂从战火中出来的人会是什么感觉，只要做几件简单正常的事就能让生命之光重归你的眼神和表情。

看着伤病员送进来真是让人又同情又痛心。得了战斗疲劳症的好像比受重伤的还糟糕。他们像僵尸，不像人，神情恍惚，反应麻木，就像刚爬出坟墓一样，几乎没有生的愿望。但是经过治疗和休息，他们恢复也很快——我昨晚就是那副样子。现在我神经状态稳定，一门心思要回到我来的那个地狱去。

我发现这儿像噩梦一样最可怕的地方是外科病房。任何人，只要自认为是美国政府一个有效的组成部分，就应该上这儿来看看。他们只要看了而且记住了，就决不会再有下一场战争。要他们完全明白真实的战场白天黑夜是什么样子不太可能，但是那些病房里的景象或许会让他们有个比较深入的理解。我感觉目前美国是具有这种实力的，可以在战后控制世界政治，推行和平。可这不是玩玩手段就能办到的事——得把几个主要的政治人物狠揍一顿才行。如果俄国和美国不做出保证积极推行和平，接下来的三十年里，我们这个世界可以说就不配当我们的家园了。因为这座房子的基础就会危机四伏，到处布满随时可能引发第三次世界

[①] 兄弟兔（Brer Rabbit，又译贝尔兔）是一个综合了非洲传说和美国南方土著传说的形象，故事里说狐狸和狼把兄弟兔扔进荆棘树丛里，结果兔子如鱼得水，很快就跑了。文中这句话的意思大概是说到了熟悉的地方。佐治亚州伊顿敦市（Eatonton）有兄弟兔的雕像，下面文字即是：兄弟兔生长于荆棘树丛中。1946年迪士尼动画片《南方之歌》里把兄弟兔作为美国南方的一个标志。

Illumination and Night Glare

大战的点火装置。

亲爱的，很抱歉我写信的次数还是不多——其实我是一有机会就写的。昨天到这里以后我想发电报，可这个地方现在还没这个业务。记得大概一个星期以前我在撤进去的一个地下室里写过一封信。这些天我们就是这样，得空就抓紧，说走就走。你一直在我脑子里，亲爱的人。你的形象是我的一部分，你始终和我在一起，无论我走到哪儿，无论我做什么。要是我的信你收到的没有你觉得应该有的那么多，请理解那不是我的错。

你信里要我写得更详细一些，我可是把允许说的都说了，亲爱的。上级不在的时候，我指挥一个连队，但是他很快就要回来了。然后我就会接手我原来那个排——也就是排里打剩下来的那些人。我们连很优秀，是团里最好的连队之一——我们有一部分打出来的老兵，都是出色的战士。

至于在德国的战斗——这么说吧，你可以看报纸。大部分报纸至少用了一个专栏报道近期战事。由于编辑无法想象的某些原因，欧洲的战事还在进行。实际上这里的战斗现在是开战以来打得最激烈的时候。这是我在太平洋作战的朋友告诉我的。这场战争在欧洲铺开的各个阶段中，现在是最艰难的一段，地面争夺激烈程度和第一次世界大战中几次击倒出局的情况不相上下。

后续

刚吃完晚饭，饭菜太好吃了！包装简单的美国陆军 B 口粮[1]，难以想象但是营养丰富，**而且居然**是热的。猪排、烤土豆、玉米片、凉拌甜菜、**白**面包，还有咖啡。饭前一个红十字会的女孩路

---

[1] 一箱，供五人或十人一天的食品。

过，给了我一份香烟和巧克力。过会儿我把巧克力削成薄片放在罐子里，喝上一杯热可可，然后再回屋去。

把那些天天发生没完没了的艰难痛苦全都写信告诉你没什么意思——悲惨和痛苦在这个城里和那个城里是一样的。打完仗你愿意的话，你想听什么我就给你讲什么。不过我觉得你对这里的情况知道得挺多，也很理解。

有件事我想说说，这事让我很光火，也很感兴趣——就是我们抓到的那些普通的德国兵，他们是一种什么样的心理状态。对不同类型的德国人，我脑子里有不同的印象。我见到的、谈过话的有好几百人了，自以为对他们已经相当了解。这些狗娘养的杀美国人会杀到*最后*一分钟，然后找个（对他）最适当的机会投降，举着双手走出来。五分钟以后，他就会微笑着，抽着烟，兴高采烈。生与死对他们来说就是个生意，是店里要卖的一件货。这对美国人的公正感是一种震撼（德国人可能一开始就轻轻松松地把公正感放弃了），但他只是冷眼旁观。死对美国人来说——俄国人也一样——创伤的感觉更重。机会和环境都具备的情况下，他会死得很壮烈，就像一个优秀士兵应该做的那样，怒吼着战斗到最后。

得知你的工作有进展我很高兴。你看到我这封信的时候大概要到圣诞节了，你提到的那本"小说"可能也写完了。希望如此，而且希望你对自己的工作满意。多么渴望能坐下来听你给我读几章——看看你现在的成就和发展。

我亲爱的，如果赴海外的工作真的落空了，也别太难过。我知道你心神不定，这是你现在最想要的，我也想让你如愿，但是如果你可以做自己选择的事，而且那样做最后的结果最有利，那就还是放弃这个计划吧。我答应你,等这些都结束了,我们就到想去的地方去旅行,我们还会回到欧洲。我们的生活有一部分已经和欧洲融为一体了。欧洲有很多东西是我想了解的。战后这里甚至还可能找到一点乐趣和愉快时光呢。这两件商品一点也不昂贵,只有在美国,制造这两样东西才需要精密的机械。所以好好干吧,亲爱的。未来在等待着我们。

快到睡觉时间了,就写到这里。明天走以前也许还能再写几句。

我爱你,
利夫斯

*

利夫斯致卡森
1944 年 12 月 3 日
比利时

最亲爱的,

我收到了你 10 月 30 日、11 月 5 日和 7 日的来信,看了一遍又一遍。得知你又开始工作了很振奋。希望你到圣诞节结束工作的计划能实现。我想这封信到你手里要圣诞节以后了。

如今还是尽可能继续工作吧,亲爱的。工作具有长远的重要意义。非常希望能看到你一直在写的东西,然后和你交流。那种时候会来到的,我亲爱的。相信我,会的。

我今天还用打字机给你写了一封信，这样起码有一封可以通过最快的途径到你手里。这里发不了电报。我在后方，要待两三天，但很快就要回到前线去了，我属于那里。我觉得自己好像老了，髋部有点风湿病的感觉——在泥水里躺了十二天呢。我所在的地方战斗激烈程度是我从没见过的。寒冷、恐惧和艰苦简直难以想象，不过我这个老团子[①]挺得住，我们会继续挺住，直到最后一个德国大头[②]投降。

相信我们吧，内心要坚强。

爱你忠贞不渝，
利夫斯

*

利夫斯致卡森
1944年12月4日
比利时

我亲爱的——

医务人员要我在这里多待一天，治我的鼻窦炎。四十八小时干燥温暖对我的髋部和膝盖确有好处。鼻窦做了引流，今天感觉

---

① "团子"出自《步兵约翰》(*Johnny Doughboy*)，1942年的一部美国青春片，片名中的Doughboy又译"团子"或"面团"，是对美军士兵的谐称。
② 原文Boche是法语俚词，用作对德军士兵的蔑称，源自法语词caboche（大头钉），意为"脑瓜"(noggin)。

比这几个星期以来哪天都舒服。明天就要回前线去了。

昨晚的《星条旗报》，还有前线来的人都带来了好消息。我们正在一点一点地把那帮杂种挤回莱茵河，然后坚守在那里打退一次次反攻。

12月2日那封信以后，我一直在休息，懒洋洋地躺着，看书，给离开美国后还没写过信的人写几封信。我能不停写信的人只有你。

这里没人可以说说话，我很孤独。在医院待久了我会烦的——没完没了地说战争战争战争，没有比这更枯燥的了。两个人一搭上话马上就开始说自己死里逃生多少次。然后就开始说妈妈、老婆、女朋友，然后把打完仗以后他要做什么全说一遍，再就是怎么痛痛快快地喝酒，这就有点悲哀了，因为屋子里的这些人里有很多其实都不会有什么机会去做那些事的。有些人明白这一点，有些人就是高高兴兴地忽略这一点。

昨晚我梦见战争结束了。我们沿着一条挺宽的路散步，两边是椴树林。下着雨，雨水从树叶上滴落下来。你穿着一条粉色镶边的裙子，我不喜欢，你一只手里拿着一个手电筒，我一直叫你把它关了。我们在谈死亡，我坚持说我对死亡非常了解。你停下脚步说："不对，你不了解，利夫斯，我了解。"你说话的样子把我吓坏了。我让你给我说说，你说："不，我不能说。你会伤心的。"然后你朝左拐，走进一座小房子，把房门关上。我站在小巷里怔了一下，然后意识到我得摸黑走路了。我离开那条路，朝一片密林走去，最后迷路了。

我不太相信解梦，如果你信，就把这个梦的意思解一解吧，以后再告诉我。

今天没出去，不知道天气如何——我们是在一个巨大的帐篷里，帐篷支在一座厂房里，没有窗户。我最关心的是我身边的一个小炉子，炉子里的火欢快地跳着，我想喝可可了，就可以用这个炉子做。

下午快过去了。你可能正在收拾打字机，然后到起居室去喝点儿什么，也许会弹弹琴，听听音乐。也许你晚餐前会去散散步。也许有客人要来聊聊天。我随身带着你信里寄给我的照片，多么渴望那些人里也有我。

对我来说，生活中如果不能出彩，那就是只活了一半，也只享受了一半。

晚饭时间要到了，就写到这里吧。

向贝贝和丽塔问好。很高兴弗兰克能顺便来看丽塔。

你的，
利夫斯

*

卡森致利夫斯
1944 年 12 月 5 日

利夫斯亲爱的，

下午快过去了，我工作学习了一整天。先是一个上午在写我的书，直到大概一点半。然后是下午，埋头学法语成语。现在有点空，我想走远点散散步。今天暖和了一点，有大块浅色的云，是珍珠母那种颜色。妈妈一直盼着下雪，可我觉得太暖和了。

占领区国家的情况好像一天比一天更令人不安。特别是希腊的问题已经很严重了。温斯顿·丘吉尔怎么就不能把他那只保守主义的手从其他国家内部事务里拿开呢？能代表希腊人民的当然是民族解放阵线①，而不是那个软弱的乔治王和他那伙人②。大英帝国为什么要把自己的意志强加于那些希望拥有而且也需要一个民主政府的国家呢？到处都有英国人（还有美国人——③ 达尔朗④，巴多格利奥⑤等等）乱插手这种让人遗憾的事情。有的时候我觉得和平就算来了，这次也不会比以前更长久——假如能到以前那个程度的话。而英国正在盟友之间制造不信任，这是它那些做法必然导致的后果，也正是纳粹梦寐以求的结果。——我不再往下说了。可这的确是一种让人痛心的悲剧局面。

前厅有一架声音怪异刺耳的钢琴，下午四五点以后我有时会出去弹弹。空荡荡的大厅里，巴赫的前奏曲和赋格曲用这架走调

---

① 民族解放阵线（EAM, Ethniko Apelevtherotiko Metopo），二战时期希腊的一个左翼组织。
② 这几句指的是 1944 年 12 月希腊内战开始之前的局势。乔治王即希腊的乔治二世，是英国维多利亚女王的曾孙，其流亡政府在英国。希腊经意占、德占之后，此时德军已撤出。这段时间的政治角力已与战后版图的形成相关。
③ 原文如此。
④ 弗朗索瓦·达尔朗（Francois Darlan, 1881—1942），法国元帅，二战期间亲德的维希政府主要人物之一（另一个是贝当），北非法军总指挥，后与盟军合作，两月后被刺身亡。
⑤ 原文为 Badogglio，疑为彼得罗·巴多格利奥（Pietro Badoglio, 1871—1956），二战时意大利元帅，曾任一年意大利首相（1943—1944）。

的钢琴弹出来,有一种离奇的音响效果。我太想念我的钢琴了。

我进城去看了安妮·普尔的新展览,极为出色。那天下午在城里我还顺路去看了凯——然后乘早班公交车回到奈亚克。凯有个机会去欧洲,是一趟特殊的旅行,乘飞机,去六个星期。(这是个挺保密的事。)但是她很怕离开她的孩子们,拿不定主意该怎么办。我觉得她应该去,因为这种机会极少,她争取了很长时间才得到的。我会把她的决定告诉你。

我手里你最后一封信还是11月8日那一封。这么长的等待时间真是难以忍受。

照顾好自己,亲爱的,可别忘了。记住爱你的人。

你温柔的,
卡森

*

利夫斯致卡森
1944年12月8日
德国

我亲爱的,我亲爱的,

我又回来了。大地在颤抖,在怒吼,在咆哮,场面和背景几乎没变。很多老面孔不见了,新面孔取而代之——战斗中离开自己的部队一个星期就是很长的时间了。我现在干这行已经习惯了,什么时候都不会再吓得要命，神经紧张的时候也少了。只剩下对死亡冷冷的蔑视和对德国人异乎寻常的恨。但这并不意味着我不谨慎或者去冒没必要的风险。

回来后出乎意料收到了你的好几封信。最后一封居然是 11 月 29 日的！你写了以后九天就到了——真希望我的信到你手里差不多也是这个速度。

最好的消息是你又开始忙工作了。感觉到你在工作而且心情平和的时候，我作战好像就轻松了。于是所有这些恐怖和表面上的混乱就都有了某种理由。不要让**任何事物**阻止你去做你想做的事——或者说你**必须**做的事。

看到你放弃自己的需要给我寄了整整一箱香烟，我非常感动。太美好了，想得太周到了。但是你不该如此的——这里的香烟短缺暂时还不很严重。不过假如又接济不上了，我可就有备用的了。亲爱的，以后一定要把你搞到的那点烟给你自己和贝贝留着。我们在前线的时候有供给优先权。

我要通过你向亲爱的贝贝表示感谢，我昨天收到了她的包裹。里面的东西每一件都是精心挑选的，也都是急需的。我给战友们分发可乐的时候，你要是看见他们的眼珠瞪得多么圆就好了。这种奢侈简直难以置信——好多天好多天了，他们可吃的只有 K 口粮和 C 口粮[1]。替我拥抱贝贝，亲吻贝贝，转达战士们的感谢。

---

[1] 野战单兵一日三餐口粮，包内有六个小铁皮罐头，其中三个是 M 成分即肉类，三个是 B 成分即面包类，此外还有一些小包辅食，如干果和饮料粉等。

流传飞快的道听途说数量和平时差不多,但是一整天我都有种感觉,好像要出什么大事。我没法描述这种感觉,也不能写,但是确实有什么事情正在进行。然而我们这个地方根本就听不到有用的大消息。激动人心的新闻一般都是最后才让可怜的步兵佬听到的——我们听到的只有坏消息,再就是几点几分开始攻击的命令。主上帝还是会继续遗忘可怜的活生生的步兵吗?几千年前对谦卑恭顺者就有过承诺,但我看不出这些承诺得到了履行。和我共同生活的这些可怜虫——还有我要与之战斗的那些可怜虫,他们的生存状态,是生命最为悲惨、最无可留恋的写照。

今晚没多少时间,所以只能简单写几句。要派个侦查组,搞清敌人的几个位置。我宁愿在夜间干这些打仗的事,因为白天一般都充满了死亡。

各种预测很多,不过我相信我们打到莱茵河德国鬼子就会投降。这是艾森豪威尔的推测,我觉得他说得对。虽然我也知道,纳粹党的控制现在还十分稳固,而且我脑海深处有一个声音说,他们不会放松对德国的控制,除非我们把它的野战军打垮。德国野战军现在还远没有给打垮呢。要是他们的总参谋部突然发生政变就好了。

我最亲爱的人,相信我能回来吧,相信我,相信我们,相信未来。我会回到你身边,我们会共同拥有很多幸福的时光。

谢谢你寄来凯的诗。这几天我还没法看。我不想破坏了读这首诗的第一印象,因为周围是一片混乱、轰鸣、垃圾。我把它放在口袋里,紧挨着身份证件,盼着哪天安静下来可以好好看。

暂时不封口，晚上回来再说。
永远的，
利夫斯

又及：
第二天上午。任务完成，一切顺利，没人受伤。这里很冷，下了一夜的雪。有一杯咖啡等着我呢，所以再见了，下次再写。

爱你，
利

*

利夫斯致卡森
1944 年 12 月 12 日
巴黎

亲爱的卡森，

我要在巴黎这里待几天，然后转往英格兰。三天前一次炮火攻击中我受伤了，手骨也打碎了。不严重，不会截肢。医生要我住院，最短六周，最长三个月。别为我担心——<u>我没事</u>。

用了这种方式写信，因为据说比海底电缆电报快。以后再详细写——很累，有点累垮了——全身的骨头和肌肉都痛。

但是今天上午活着真好。天空晴朗，阳光和煦，巴黎很美。

战后我们一定要一起在巴黎好好转转。这里的空气比前线纯净，周围一派生机，感觉真不错。

请给我妈妈发个电报或者打个电话——我没力气写了，想休息。

爱你，
利夫斯

*

卡森致利夫斯
1944 年 12 月 13 日

利夫斯亲爱的，

今天长得烦人。没有信，我忍不住焦躁不安。我想工作，可是我正在写的这一部分，今天读了读好像很啰唆繁杂，感觉要重写——不过要先写完，然后再看需要怎么处理。——我一直在想，你刚进第 28 步兵师的时候我给你写的那几封信不知你收到没有。大概有一个月的时间，我只写着寄第 28 步兵师，因为你没告诉我你是哪个连的。难道是因为连队番号很重要所以我的信根本就没寄到地方？

昨天下午妈妈和我去看电影，要沿街走过几个路口。刮着风，很冷，我戴着能盖住耳朵的军用针织帽子。电影散场的时候，妈妈把帽子递给我，可不知怎么回事，我一边穿外套一边往电影院外面走，忙乱中把帽子掉了。我在前厅察觉了，然后引座员拿着手电在过道里仔细找；我们到处都找遍了还是没有，一定是有人捡了以后偷偷拿走了。不管怎么说反正我是大哭起来了，像个小孩一样。那帽子是你给我的，我一向十分小心，这次居然给丢了，不知为什么感觉特别糟糕。我哭了一路回家，妈妈也很难过。可是到家以后我们发现，丢的那个是丽塔的（我拿错了），那是弗兰克给她的，因为他发现丽塔很喜欢我那顶帽子。丽塔很大方，说我可以留着我自己那顶，就是你给我的那个，她会给弗兰克写信，让他再给她寄一个。

今天我的眼睛出了点问题，几乎看不见东西了。我想一定是眼睛着了凉，因为右眼差不多失明了[①]。也可能是因为我正在看的《名利场》印刷字号太小了。不管什么原因吧，我今天想尽可能让眼睛休息休息。

这里没什么消息。国际形势好像越来越不好，让人十分沮丧。这种对势力范围的资本主义瓜分只能用另一场战争来结束。

亲爱的，需要我给你寄暖和的袜子或者毛衣什么的吗？如果需要，给我写一封比较正式的信，说明需要什么东西，我要向邮局出示（这种必要措施有一定的原因）。天这么冷，我很为你担心。急需你的信。

照顾好自己，记住爱你的人。

你温柔的，
卡森

[①] 面部突然受凉有可能引起血管痉挛收缩，引发视网膜静脉阻塞造成失明。

*

利夫斯致卡森
1944 年 12 月 17 日
英格兰

亲爱的——

今天这里是星期天，我过得相当愉快。大部分时间里外面又是雨又是风，可是病房里温暖舒适，可以在炉火边干一杯，看看书，或者躺着抽烟想事，听不见步枪机关枪突突作响炮火逼近。

我在巴黎写的最后一封信应该比这封信早一个星期到你手里。我试了各种办法给你发海底电缆电报，可都没成功。

我是前天从巴黎用飞机给撤到英格兰来的，现在终于安定下来，预计要在这里待到康复为止。这里环境挺好——总医院一般都是这样。不过我原想离我有朋友的地方近点儿的。尽管如此，**我什么也**不抱怨。活着我就很满意了。

从前线到安全的地方变化巨大，我还没有完全调整过来。躺在床上有铺有盖，靠近火炉，一天三顿热食，感觉还是有点怪。

我好像是给猛撞了一下，起初根本没感觉。事情发生的过程很一般：一轮攻击开始了，我在外面准备包围一些刚过来的德国兵。我听见一个杂种从我后面绕过来，就跳进战壕。我左手和手腕有几根骨头给打碎了，身后中了几个弹片，但是我躲得快，子弹没有打进洞里。第二天我奉命撤离阵地，后来才听说我得了战壕足①，右脚大脚趾冻坏了。听起来很严重其实没什么。我的脚会好的，脚趾会慢慢恢复感觉。弹片都取出来了，我的胳膊固定得很舒服。可是我发现自己处于一种全面衰弱的状态，休息了几天之后也没有解决问题。诺曼底登陆后我的节奏太快了。神经高度紧张的状态下，身体自己过一段时间就会感觉到压力。不过我现在已经舒舒服服地在这里安顿下来，精神状态也很平和理智。

新来的一位少校今天看了我的 X 光片，说我的手要两三个月才能愈合。所以你可以放心，起码 3 月 15 日以前，我不会再参战了。（六十天住院治疗以后，还有三到四周的康复期。）休息时间很长，我一点都不觉得有什么不好意思，虽然我知道，到不了他们放我走的时候，我就会待不住了。但是，我照顾山姆大叔的一群兵可有一段时间了，我打算躺下来让他照顾我一阵子。

到目前为止，我需要的东西我都在这里得到了。病号每天发一包烟。这里还有很多书，虽然好书不多，倒也够看两个月的。

过几个星期，我想请个病假，到南安普顿和怀特岛去看朋友。如果凯的约瑟夫还在英格兰，把他的陆军军邮局地址告诉我，我们可以安排见个面。我感觉好一点以后，准备这个星期给凯写封信。过几天我还会给妈妈写信。我现在真的是除了你以外，给谁都没力气写信。请告诉洁茜②我很好，要是说过了就算了。

这两天的新闻很是丧气。收音机里刚刚宣布，就在我离开的那个地区，德国鬼子在森林里插进来一块，我们那个小组顽强战斗，都死了。第 7 军找回了一点平衡，但是进展慢得让人痛心。

---

① 长时间站立在寒冷潮湿的战壕内引起的一种足部损伤，又称堑壕足，严重者可发生坏疽。
② 利夫斯的母亲。

最亲爱的,一定不要为我担心——我就在英格兰这里,要待到 3 月 15 日。尽量让生活稳定下来,把你正在做的工作做完。希望春天快结束的时候回到家里,去看一部分你那堆厚厚的书稿。

身体宝贵,照顾好自己,卡森。

给你我全部的爱,
利夫斯

请写下列地址交我:
陆军军邮局 #316
美国医院基地 #4109
病员分队
寄自纽约市 P. M.

*

卡森致利夫斯
1944 年 12 月 18 日

利夫斯,小心肝,12 月 3 日的胜利邮件到了!这对我比什么都重要,而且我还有一封信可盼,就是你同一天写的另外那封信。

德国人新发起的反攻把我吓坏了。我想你一定在打得最激烈的那个地方。我不停地听收音机,在地板上走来走去,等待着,心惊胆战。

利夫斯亲爱的,如果你髋部有风湿,**请你一定**不要回到前线去。有那个病打起仗来会影响你行动的。医生不会等你完全好了再让你回去吗？想着你躺在野外的泥水里，我好绝望。

必须请你原谅，我写得这么古怪，这么不连贯。这些天我的眼睛出了比较严重的问题，他们禁止我看打字机，也不许我看报上的大标题。好像只是急性眼疲劳，我已经采取措施了——戴墨镜，给眼睛敷药。可这真是很烦人；我自然是不能工作了。我现在是闭着眼睛写字呢。别担心我这点小毛病。如果不能很快解决问题，我会去找纽约最好的眼科医生。这一点你可以相信。

我脑子里还是放不下德国人的进攻。要是有什么途径能让你发电报或者用别的办法告诉我你没事该多好！可我知道你那里没有发电报的设施，只好尽量耐心等待。

想办法多保重吧。你知道我有多么爱你。暂时说再见了，亲爱的。

你的，
卡森

*

卡森致利夫斯
1944 年 12 月 19 日

噢利夫斯亲爱的，

今天要是有你的音信多好啊——不过我指的不是一封两个星期以前写的信，而是关于你现在情况的消息。德国人这次新的进攻把我闹得又进入了诺曼底登陆那天的状态。没办法，我**就知道**

你在仗打得最残酷的那个地方。我好像没法从战略角度去想这件事；一次又一次我脑子里出现的画面都是你，德国人的闪电攻击到来的时候，你就在前线的战壕里。我正在写这几个字的时候，你甚至都可能已经被俘了。我几乎无法忍受，除非接下来的这几天有更多详细情况透露出来。

出于安全方面的原因，他们不会对我们说得很详细。我们只知道，这是绝望中的最后挣扎，纳粹把老本都砸进去了。而我知道你就在那儿。你知道吗亲爱的，这以前我总能暗自想象，你在前线的其他部位，不是战斗最激烈的那个地方。

仅有的一丝安慰是，想到还有一线希望，即你信中说的髋部风湿恶化了，攻击来临的时候你正好不在前线。一碰到和你有关的事我就成了胆小鬼；我紧抓着最异想天开的希望不放手。

进攻和防卫太不一样了。如果是撤退，我脑子里就总是想那些受伤的人，再就是想可能会被迫丢下很多人不管。

给我写信，利夫斯，一收到我这封信就写。

除了此刻正在进行的战事以外，我脑子里现在什么也进不去。我把收音机一直开着，就像诺曼底登陆那天一样。

我的眼睛好点了——绝对不是病，就是严重的疲劳。昨晚第一次下了场真正的雪，可我没法欣赏了。

我正在写一封胜利邮件，希望比这封快一点。所以我现在要去忙那一封了。

再见，亲爱的利夫斯。你知道的，我的心和头脑时刻和你在一起。

卡森

*

卡森致利夫斯

1944 年 12 月 19 日

噢我亲爱的利夫斯,

　　我刚刚写好另一种信,同时也寄出这一封,希望这封能更快到你手里。德国人这次新的进攻把我吓得够呛。没办法,我<u>知道</u>你在那儿。我日日夜夜都为你提心吊胆。诺曼底登陆日以来我还从来没有这么害怕过呢。我一直开着收音机,但是出于安全方面的原因,我们得知的详细情况很少。

　　真希望我此刻能见到你,知道你一切都好。我的一线执念就是,希望你因为髋部有风湿,在德国人的闪电式攻击来临的时候,你正好不在前线。但是这并不能真正让我放心,因为 12 月 3 日你还准备过几天回到前线去呢。

　　这种担忧和心中无数让人极为痛苦。接到此信请<u>立即</u>回信。我知道电报不能用。但是请<u>马上</u>用最快的方式给我写信吧。

　　记住我的心和头脑始终和你在一起。

你永远的,
卡森

美国陆军致卡森
1944 年 12 月 20 日

无线电报

致：卡森·麦卡勒斯
自：美国陆军

我们很遗憾地通知您，小詹姆斯·利·麦卡勒斯中尉 12 月 9 日在德国作战时负轻伤。相关事宜请见伤情报告。

*

卡森致利夫斯
1944 年 12 月 21 日

利夫斯最亲爱的，

多日悬心苦思之后，刚才收到了战争部①的电报。知道了既然你 12 月 9 日负了轻伤，德国人进攻时你不太可能再去作战。自

---

① 战争部（War Department），又译陆军部，1947 年改制，职能由新成立的美国国防部（Department of Defense）代替。

星期天起的这几天是我平生最难熬的日子了。我不由得松了一口气。可我记得上次即 6 月 6 日你受"轻伤"后，几乎是马上就又去作战了。请即刻给我写信。

我有种可怕的感觉，好像我的信你都收不到。有很长时间我写的地址都只是第 28 步兵师，因为你给我的地址不完整。

你治疗的时候一定要让医生好好看看你髋部风湿的情况。我不想让你太早回去作战。

新闻听起来让人恐惧，但我们必须勇敢，必须有信心。我亲爱的，我今天还要写另一种信，但这封也寄出，或许这封信更快。收到此信后请立即给我回信。切记我深爱着你。噢我多么希望在你身边啊！

卡森

*

卡森致利夫斯
1944 年 12 月 21 日

利夫斯我的天使，

我刚写了一封胜利邮件，指望着你能早点收到我的消息。我一直很担心你收不到我的信。战争部的电报刚到。这些天的担忧过后，得知你 12 月 9 日"负了轻伤"，那种轻松真是不可名状。与此同时我也记得，上次你负轻伤后很快就又回到战场去了。我急于知道你更多的情况。你在医院里肯定会给我写信吧——要写长信。我给洁茜打了电话，但是打不通，所以发了个电报。

我几乎不能写东西，所以十分焦虑。电报到的时候，我的眼睛看不见了，看到"我们很遗憾"之后有一会儿根本看不清后面的内容。知道后面写了什么以后，我又是哭又是笑。

我设法想象你躺在床上，铺着盖着干净暖和的被单，有一本好书，餐盘里有好饭好菜，脚上有伤但是不疼，根本就不严重，但是要费<u>一点时间才能痊愈</u>。

我有点担心，怕德国人的攻击会殃及你所在的医院。所以你接到我这封信以后，别忘了<u>马上给我回信</u>。

利夫斯，用心听我说。在医院里的这段时间，一定要请医生好好看看你那讨厌的风湿症和鼻窦炎。这非常重要。

透过安全管制泄露出来的消息十分可怕。但是无论如何我都相信，我们（就是我们！）有能力摧毁纳粹，把这种绝境变成我们的优势。我不得不相信，艾森豪威尔和其他将军们对自己的所作所为心中是有数的，而且早就预见到可能会发生这次攻击。这很像我们过去下过的棋局——记得吧，亲爱的——你设了一个小圈套要抓我的王后，我大叫着要让她摆脱圈套，结果你用一个我根本没注意到的马袭击了王后。——可是后来我知道了，不完全是那么回事。眼前的局残酷，危险。下得不好，战争会无限延长。

<u>即刻回信</u>，这话我还是要说。还有，利夫斯，回到前线以后，想办法告诉我你在哪里，多少说说有什么样的危险。我希望他们干脆就别送你回前线了。

我的眼睛好多了——我给你的信里说了这只是眼疲劳的严重表现。但是今天我得了流感，还嗓子疼。所以正在喝热茶，少活动。其实我已经有十天左右没工作了，而那本书离写完还早着呢。有的时候我都没信心了。不过，知道你不在德国人进攻第一波攻击的地方，接下来的几个星期里工作会轻松许多。

先写到这儿吧，再见，利夫斯。记住我有多么爱你。

卡森

*

卡森致利夫斯

圣诞节

利夫斯我的天使，

今天从早到晚你一直和我们在一起。我们为你点了一支很特别的伏牛花蜡烛，这支蜡烛立在中间的桌子上，亮了一整天。我们多次为你的健康祝酒。噢，利夫斯，我太想你了！但是我相信明年圣诞节你真的会在这儿。今天一整天的客人也很多。贝茜病了，所以普尔家的人来不了；但他们送来了很多漂亮的礼物——亨利的一幅画（一张精美的静物），香水，一个亮闪闪的烛台，非常好看（你那支蜡烛就插在这个烛台上），餐垫，罕见的果冻，还有些别的礼物。午饭后不久，康托和弗丽德尔就来了,带了全套雷曼①指挥的舒曼《诗人之恋》唱片。我太感动了。丽塔在学校的朋友们是一起来的,带来了好多漂亮的东西。堪称点睛之笔的是,莫里斯夫妇带着他们十六岁的儿子来了,小伙子英俊可爱,已经是海军少尉了,在这儿只停留五天——和他们一起来的还有路易丝·雷纳。**还有呢**,他们带来了一只三十磅重的熟火鸡和好多瓶威士忌,还有一个精美的瑞典白兰地酒杯,妈妈在他们家曾经夸过这只酒杯。噢利夫斯亲爱的,你要是在,今天也会很高兴的。我特别想你,经常是忍不住就哭了。大家和我的感觉一样——都说你受轻伤是个好事。康托觉得你不会正好碰上这次德国人的攻击。我们拿出了你的照片,人人都说你帅气(就连在突击营的那些照片也是)。你的耳朵肯定是烧伤了吧。

今天过得很充实。我深受触动,意识到人们是多么善良,朋友们是多么爱我们。噢利夫斯,小心肝,知道你可能在医院里(甚至<u>希望</u>如此),那感觉是又陌生又心痛。明年圣诞节你一定能和我们一起过,我们可以享用美酒火鸡音乐,我们可以在一起。

我心头焦急,盼着有信来。这种焦虑太难以承受了。要是没有接到战争部说你负轻伤的电报,我都不知道还能不能撑下来——因为那时只知道我们遇到了严重挫折。不知你所在的团是否多次受挫。噢,亲爱的,我只想知道你伤在哪里了,伤得重不重。我盼着能在你身边。<u>有什么我可以寄给你的吗?</u>你要写一个

---

① 雷曼·恩格尔(Lehman Engel,1910—1982),美国作曲家、指挥家。

书面请求，写明要什么东西，否则我寄不了包裹。祝福你利夫斯，先写到这儿，晚安。

永远是你的，
卡森

*

利夫斯致卡森
1944 年 12 月 26 日
英格兰

卡森，亲爱的，

现在你知道了我的位置和我的情况，这我就放心了。我现在的状况差不多还是那样，只是有所改善。和上次给你写信的时候相比，我感觉好多了。我的脚和弹片伤现在已经没事了，所有的不适就只剩下受伤的那只手了。有好几天的时间，医生们定不下来是送我回美国还是让我留在英格兰。那段时间我大气不敢出，把手指叠起来[1]，可一点用都没有。最后的决定是我留在这里等待愈合。但是如果骨头愈合的时候接合不好，就需要做手术，那就很可能要回美国去。可这得过一段时间才能确定——从现在起至少两个月。不管怎样，看样子春季攻势以前我是上不了前线了。

---

[1] 许愿。

这两个星期的消息真是让人感到郁闷无望至极。他们的想法也许是大胆地赌一把，可即便是赌输了，我看其结果也不过就是战争延续一段时间，到春末夏初也就结束了。我觉得历史会证明这次反攻对我们没有任何好处。

最重要的是，我得到消息说，我老部队的战友几乎全死了，地点就在我离开的那个地方附近。他们一直离我们不远，我却不知道。

这对我打击太大了。尤其难以接受的是我的老中士也死了，这是个波兰人，家住罗切斯特，将近三年的时间里，他一直很照顾我。我遇到难办的事朝周围一看，他反正总是在那儿。诺曼底登陆那天，我的脚卡在一辆车下面，周围子弹横飞，他划着水过来救我，完全不顾他自己，要不是他，我就淹死了。在法国的布雷斯特，也是他把我救出来的，那次是我和另外三个人在一片野地里让机关枪火力压得抬不起头来，都绝望了。他悄悄地绕过去，一个人把那伙德国人全干掉了。盯着詹姆斯·利夫斯·麦卡勒斯不让他死掉成了他的一种习惯。我走的时候他非要跟着我一起调走不可，我说服了他让他别走，因为他当时还承担着一个重要任务。我多么希望自己没有劝他留下。

这里消息很不灵通，只有收音机里那些含混不清的东西。天气晴朗，好几天了。总是用航空兵的方式去想：——那边天晴吗？他们能保持待命状态去帮帮步兵吗？

我所在的这个地方安静平和，但是不到这一切全都结束，对我来说就没有和平或者休息。想到前线正在发生的事，就像一股电流穿过全身，整天都是这样。

Illumination and Night Glare

我吃饭,稍有走动,设法休息,我的神经逐渐镇定下来。我很好。

你12月8日以后的信我都没有收到,不过我知道你写了,你的信很快就会转给我的。

保重,我亲爱的。

爱你,
利夫斯

*

卡森致利夫斯
1944年12月27日

利夫斯我的爱,

你在巴黎写的胜利邮件刚到。噢我亲爱的!这一番可怕的提心吊胆之后,知道你在一家医院里,安全暖和,有人照料,真像是用了一帖镇痛药。你这封简单的信写得很不清楚,我会非常着急,直到得知你准确的伤情为止。你说你"受伤了,手骨也打碎了"——"<u>也</u>"字好像是说除了手以外还有其他的伤。我现在心里全都是你,一心盼着和你在一起。而且我止不住地担心你收不到我的信,不知为什么我看着那个地址不对头。希望你把那家英国医院的地址给我,这样我就可以直接寄到那里去。除非我得知更详细的情况,否则都不知道怎样才能等得下去。我的心软得发疼，你却远在天边。噢，我多么希望他们把你送回国啊！有这个机会吗？要不然有什么办法让我能去英格兰也行啊！在医院里待六周到三个月是很长一段时间了。可怜的小羊羔！手上的伤很疼吗，亲爱的？把所有的事都给我写在信里吧。想到你遭受痛苦我就受不了。可是利夫斯，比这更难以忍受的是不断地想到战场上的可怕景象——担心你会失去生命成了挥之不去的噩梦。我现在知道了你很暖和。

见下一张 ①

卡森致利夫斯
1944 年 12 月 28 日

接上页——

今天我仍在因这次感冒卧床。我老是想你要是躺在我身边多好。外面天气晴朗但是很冷。天空呈极浅的淡青色，地平线上是冬天里寒冷的微黄。哈德逊河上一片铁灰色，两岸已经结冰了。但是屋里很舒适，床上像平时一样散乱地放着一些东西——两本普鲁斯特的书，你的几封信，两个装圣诞节糖果的漂亮盒子，等等。正是向晚时分，快要开灯了。妈妈和丽塔在起居室里听收音机，我床上放着一个桌腿折叠起来的轻便小桌，那是放打字机用的。我躺在这儿，心里想着不知你现在怎样了，舒服吗，有没有威士忌，香烟够不够。我在等你的信，哪天的都行。一定要写个单子，告诉我该给你寄什么。你会需要很多好书来利用你的时间，

---

① 指这封信会在胜利邮件的另一页上继续。

还有各种其他东西。需要钱吗？允许你们穿自己的睡衣什么的吗？太想收到你的信了。

妈妈刚才进来在我胸口上贴了一张芥子药膏，我这一晚上都要闻起来像个火腿夹心面包了。先写到这儿吧，再见，我亲爱的。

永远是你的，
卡森

*

卡森致利夫斯
1944 年 12 月 28 日

我最亲爱的人，

下午刚给你写完信，就收到了你感恩节前夕在德国激战时写的那封信。我从没看过这么骇人又这么感人的信。我无话可说。谢谢上帝让我现在才收到这封信，因为我知道你已经离开战场了——否则我都不知道自己能不能受得住。利夫斯，我的爱，要是你出了事，我这一生的平静就永远毁了。好了，这些话我不写了；你知道我有多么爱你。

我发现我现在给你写的信要绕个圈，先到比利时或者德国，然后再兜回来到英格兰给你。我很想要医院的地址。不久后我应该会收到医院寄来的医疗报告。还会收到你寄给我的那些宝贵的信。我一遍又一遍地看你的信，把这些信都磨破了。刚才康托来电话说他收到了你的一封信——12月4日在休息营地写的那一封。

今天和昨天的新闻里似乎好消息多了一些。巴顿的坦克好像带着我们插入了德国人的内部。可他们说损失很大。我想到了所有失去丈夫的妻子。天知道这种状况还要延续多久。

*

卡森致利夫斯
1944年12月28日

我的天使利夫斯,

你负伤前12月4日在比利时写的信今天上午到了。噢我的小东西!你说你在医院待的时间长了会烦——恐怕你现在正烦得要命吧。可是利夫斯,我不会有那种感觉。知道你的伤不是永久性的,我只能感觉只能感觉① 完全放心了。我想着你在英格兰的样子,又安全又温暖。要不就是喝上一小杯,立刻就开始胡思乱想,异想天开——我想象着他们送你回国,回到我身边。我想到也许这儿的一家医院突然给我来了个电报——你让人用飞机送回来了。我想象着手忙脚乱收拾东西去赶下一班火车的场景(或者先坐公交车到纽约然后乘火车)。噢我亲爱的,想到你痛,甚至想到你烦,我都会觉得疼——而以这样残酷的方式为你担惊受怕已经有很长时间了。你无法想象那是一种什么状态!

---

① 原文如此。

我在等医院地址,很急。元旦后凯·博伊尔上尉要到英格兰去待一个星期左右。我必须有那个地址,这样她才能去看你。她说她玩命也要找到你——可我想,要是没有地址,这就太难了。噢我要是凯该多好!

小宝贝,你在比利时那天晚上做的那个梦太伤感了。你听好了,我决不会那么做的:走进房子关上门,把你扔在外面,让你一个人在椴树下淋雨。你应该知道我是多么爱你。

永远是你的,
卡森

*

卡森致利夫斯
1944 年 12 月下旬

我的挚爱利夫斯,

今天上午克雷太太和邮差都来敲我家的门,给了我一封信。这是几个月来第一次我没在前厅等信,他们把信递给我的时候都很高兴。然后打开一看,就是你在后方休息营地 12 月 3 日写的那封优美的长信。我一整天都在看这封信。可我还是不知道你此刻究竟在哪里。有的时候我想象着你在一家英格兰的医院里,没有信,没有我寄给你的包裹——想到信要绕道比利时或者德国然后才能转交给你,我就流泪。当然我很快就会知道你在哪儿。我还是像着了魔一样瞎想，真的，我幻想的是你可能在回国的路上。每次电话一响，我就浑身发抖，盼着能听见你熟悉的声音。我尽力不去那样想，因为那有可能让我陷入最残酷的失望。不知怎样才能说出我是多么想念你。——我不再往下说了，因为我知道我们对此无能为力。不过我一定很快就能收到你的信的。你负伤以后的这段时间里我在信中问了你很多问题，你很快就能回答我了吧。

利夫斯，我亲爱的，我看过很多关于战争的书、信、小说。可是对我来说，你的信是我读过的战争写作中感染力最强也最意味深长的作品。我从你的信里挑了几段给别人看——他们觉得应该发表。贝茜（我给她读过）尤其坚持这个看法。写信告诉我你觉得行不行。当然我知道你写的时候并没有这个打算——那些信只是写给我的，那是我拥有的无价珍宝。你可能不愿意让我把信里的一些内容读给别人听，可我觉得你不至于生我的气吧。这些天我好像一张口就是你，没有注意控制聊天的话题，所以说来说去总是转到你身上。

我知道我给你的信中有时甚至不知在说什么。这不过是一个不顾一切的女人写的信啊，有的时候出于恐惧有点失态罢了。

我亲爱的心肝宝贝，今天又是个寒冷的晴天。我恢复得很好，昨天第一次和妈妈出门散步了。河上沿岸一带冰层已经很厚。这个季节的日出特别美丽，我们几乎每天都起来看。有时天空是纯净的天竺葵红色，太阳耀眼的金光射过冰面。

今天上午我工作了四个小时。没有昔日内心的沉着、促动我工作的第一要素和富有成就的宁静，那时我和你共同生活，我工作，我们都很快乐。这些现在都没有，但我相信我们将来还会有那种时光的。在这期间，虽然还是忍不住要流泪，但我会尽力工作。我圣诞节前没有写完这篇小说，不过到3月中旬也许就能完成了。

利夫斯最亲爱的，我看到的、感觉到的一切都和你有密切的关系。我听的音乐，我看的书。我收到的圣诞节礼物中有一双漂亮的天鹅绒拖鞋，内衬是柔软的羔羊毛，很暖和也很好看。我觉得你大概能穿，因为很软，就算有点儿紧也不会脚疼。我特别想让你穿上这双鞋，我知道你的脚踩在冰冷的地上是什么感觉。我特别想照顾你，宠着你——同时也让你稍稍宠着一点。噢利夫斯，我爱你这么深，这么温柔，我觉得你我之间可以相互弥补的地方太多了。

下午即将过去，四点半了。我坐在打字机旁，遐想着，写着，大概有两个小时了。现在我要进去找妈妈，开始和她继续没完没了地谈论你。我深爱着你。

你的，
卡森

*

卡森致利夫斯
1945年1月1日

我的爱，

这些日子像在地狱边缘煎熬——除非得到你的医院地址——

简直让人难以忍受。我知道这几天写的信要绕道比利时或者德国然后再转给你，这个过程也许要几个月时间。而你，我亲爱的，会以为我没写信。真的，我不知怎么说才能让你明白我对你的爱。我的心软得发疼。紧紧地拥抱你，感觉我的双臂环绕着你——我的渴望没有语言可以表述。我的爱人，我的丈夫和永恒的朋友，我太需要你了。经受了几个月可怕的折磨之后，我知道温柔是最大的奢侈；我觉得我们彼此一定要永远像这样温和相待。永远。

有几件事我得尽快知道。威廉·梅耶尔来看我们了，他好像很有把握你会给送回国。你可以想象我的兴奋有多么强烈。我一分钟都静不下来了。明天会有积攒了好几天的邮件送来，希望能得到一个更为直接的地址。所以等收了信我再寄这封信。不过我很抱歉，有几个问题我这一个星期都不停地在信里问你。注意听。第一，你觉得自己会因为伤病退伍吗？第二，会送你回国吗？第三，你**不认为**自己会给送回前线，是不是？不弄清这几个问题，我没法安心。

现在是 1 月 8 日，医院地址刚刚收到！今天上午继续写。噢我的天使！

威廉说手骨碎了要很长很长时间才能愈合，而且神经和肌肉经常是僵硬的，也就是失去功能。他说他觉得你会给送回国，你可以想象我听到这话脑子里是一种什么状态。我就像个疯丫头。熬过这难以形容的几个月之后，我实在无法描述是何等的如释重负。可是，噢，但愿他们真的把你送回来！

小宝贝，我不知道该写什么了。我需要你的地址，好给你寄你用得着的东西。然后就冒出来这个神一样的可能，你也许会给送回来。我都不敢让自己这么去想——可还是满脑子都是这件事。我想象着国内的一家医院突然给我来了个电报——你让人用飞机送回来了。我脑海中的场景是,我洗了头,把东西收拾好,冲出去赶下一班公交车去纽约,然后从纽约再坐火车。我知道不应该满脑子都是这个,可我好像控制不住自己。另外,你负伤二十二天了,而我还是只有战争部的那份电报和你从巴黎写来的那封很短的胜利邮件。不过我本能地感觉到明天会有你更多的消息。

今天是新年第一天。妈妈正在用豇豆做菜——可是她找不到猪颊肉;这里人好像从来没听说过这种东西。不过每家带一道菜的新年聚餐我们会带豆子和禽类肉去。而我吃每一粒豆子都会想到我的爱人。

上午大雾,一片朦胧。地面和房顶上有一些松松的雪,看上去有点凄凉。从明天起我要努力工作了。只要能感觉到你在医院里,我就不会那么担心害怕,弄得什么也干不下去。我一定要写出让你为我骄傲的小说。我还一定要想办法挣点钱——至少把我必须做的做完,然后看这是不是对我其实没太大的用处。我觉得我欠你很多钱。但关键是要做那种我知道的确很好的工作。我相信我有那个能力。我决不会让你对我失望。

好了利夫斯,记着马上给我写信或者发电报。

你知道我有多爱你。

永远是你的,
卡森

*

卡森致利夫斯
1945年1月4日

利夫斯，我最亲爱的人：

我还是陷在这个古怪的炼狱里不能自拔，等啊等啊，等你更多的消息。我在前厅转来转去，等着邮差，要么就是等着一份突然到来的电报。时不时地会有一种感觉揪住我的心，好像你已经<u>在回国的路上</u>。你负伤至今二十六天了，而我还是只有你发自巴黎的那个简短的胜利邮件。我很担心，我的信居然要绕道法国然后才到英格兰送到你手里——所以我已经写好了一封长信，但是没有寄出，我在等着有了一个更为直接的地址再寄。当然很快就会有的。

今天又是阴冷的天气，现在下午已经过去大半。丽塔给了妈妈一本亨利·詹姆斯的七个短篇小说合集，我正在看。我一直坐立不安，静不下心来工作，可詹姆斯的作品的确是太值得一看了。有一篇我尤其想让你也看看。然而尽管书很好看，电话铃一响，或者一有人敲门，我就会吓得心都要跳出嗓子眼来。我有一种感觉，也许是异想天开，却并非毫无根据，就是我突然打开门，你就在那儿，或者我突然听见前厅传来你的声音。这个感觉让我总是保持着这种状态。我肯定很快就能听到消息，要不就是**真的**有什么事要发生了。

我有多么爱你，你一向是知道的。你的，
卡森

卡森致利夫斯

1945 年 1 月 6 日

我最亲爱的人，

今天，1 月 6 日，你 12 月 17 日写的、发自英国医院的第一封信刚到！终于到了，噢我亲爱的！我刚刚寄走三封胜利邮件，那是我一直等到有了地址才寄出的。昨天我写了好多张信纸，可都寄到老地址去了。你看，小宝贝，战争部电报来了以后我疯了一样向你倾诉的那些信，都要千里迢迢走一趟比利时，很可能要过几个月才能到你手里呢。不过我没法不写，也没法不寄出，就像诺亚放出他的鸽子。（还是乌鸦？）可是现在，我终于知道你在哪儿了。

我不想老问那些问题把你逼疯了。不过我必须尽快知道这些情况。(1) 有没有可能送你回国？(2) 到底会不会让你因伤病退伍？据我理解，有些神经或者肌肉多少都会永久性损坏，这是常事，所以尽管没有在其他方面严重丧失行动能力，也不适合在军队服役了。(3) 你提到 3 月 15 日之前不会再参战。可是你能肯定会送你回去参战吗？如果手僵硬或者虚弱无力，我觉得好像就不能自如地使用步枪了吧，所以就不会让你再回前方。告诉我，我的利夫斯，你的手好了以后，难道就没有可能把你从步兵作战单位调到其他单位去吗？我亲爱的心肝宝贝，马上就回答我这些问题吧。收到战争部电报以后的这段时间太不真实了。我活在美梦中，幻想着他们把你送回来了，我随时都可能听见你在前厅说话的声音。要么就是你从一家美国医院打来电话——而我当天就能见到你。我活得就像个疯丫头。现在，你的信终于到了，我都忍不住有点眩晕的感觉。<u>我知道</u>，我珍爱的人，我此刻就应该双膝跪下，你不出院，我不起来。我感谢上帝：知道你在医院里安全无虞，我心中的喜悦和宽慰真是无以言表。可是与此同时，我那个异想天开的幻觉——就是你在回到我身边来的归国途中——今天上午彻底破灭。究竟是为什么，一和你有关，我就如此贪得无厌？我总是向你，向上帝，要求过多，从不满足。为什么会这样，亲爱的？

这封信到你手里的时候，凯大概已经去看你了。我在给你的信里说过多次，本月中旬后某个时间，凯上尉会到医院去看你。噢我真忌妒她！她会带去那首优美的长诗[①]，那是献给我们的。我已经给你寄去两本了，可是我有一种可怕的感觉，就是我的信你根本收不到。

今天上午我要出门，去看看有没有办法给你发一次电报。然后去给你寄几个包裹。你需要什么就开个清单，我好给你寄。麻烦的是，我怕你都快要离开医院了那些包裹还没到。想到你在那儿已经待了三个多星期了我就想哭——没有包裹，没有信，什么也没有。

今天天气很好，阳光明亮。妈妈和丽塔到市里给丽塔买衣服去了，我本来也想和她们一起去的——可是不用说，收到你的信以后，我脑子里别的事就全没了，只剩下了给你发电报，寄包裹，写信。

[①] 可能是凯·博伊尔的诗《美国公民归化于科罗拉多的莱德维尔》(American citizen naturalized in Leadville, Colorado)。这首诗于1944年由纽约的西蒙与舒斯特出版社即Simon and Schuster出版。

奥利弗·史密斯[1]监制了一部舞台剧,叫《锦城春色》[2],这是多年来最成功的一部喜剧。批评家都说这是有史以来此类作品中最好的一部,所以他现在突然在钱堆里打滚了。两个星期以前他还付不起乔治·戴维斯的房租呢。他准备这个周末来看我们。可是他耳朵的老毛病复发了,电话里说话的声音很疲倦。

我最亲爱的人,我相信有的时候,尽管不多吧,还就是有人天生就是为对方而活着的;我相信你我就是这样。我们彼此的爱就像某种自然规律,不以各自的意愿为转移,不因环境的变化而改变。今天上午就写到这里,再见,利夫斯。我现在要去看看电报和包裹的事了。

永远是你的,
卡森

*

卡森致利夫斯
纽约,奈亚克
1945年1月7日

我亲爱的,

现在是星期天上午,周围一片安静,外面下着雪。我们一反常

---

[1] 奥利弗·史密斯（Oliver Smith,1918—1994）,美国舞台布景设计师。
[2] 《锦城春色》(On the Town),1944年百老汇上演的一部音乐剧,1949年拍成电影。

态起得很晚（九点起来的），早餐有烤薄饼、香肠和质量很好的热咖啡。然后我们听了收音机里播放的莫扎特作品独奏会，还有巴赫。后来我们就坐着聊天，喝啤酒。这个上午，简单说吧，就缺你了。

昨天下午我忙得不可开交，上午大部分时间都给你写信了——下午跑遍了奈亚克的商店，到处打听，给你发电报。让我大为失望的是，邮局不接受我寄给你的包裹。他们好像只收8盎司以下的包裹，超出了就要同时提交一份海外收件人写的书面请求信。所以，小宝贝，你得写一个正式的单子，把你需要的东西列上——这样我就可以把这个单子拿给邮局看。

你的信我看了一遍又一遍，走到哪儿我都带着。很多女人是在收到战争部通报亲人阵亡的电报之后才收到阵亡者来信的——这些信，你知道吗，要在伤亡电报后一个多月才陆续寄到。我经常设想着这样的局面，一想到这些就非常难过。她们是怎么承受这种痛苦的？要么就是有一位姐妹或者母亲有时会截住邮差，把信藏起来，直到过了一段时间她承受能力稍强了以后再给她看？这场战争，这些重压和悲剧，赶快结束了吧！

几个月的一言难尽之后，得知你现在安全暖和，我可以告诉你了：我担心得都快要失去理智了。假如我当时就能得到消息说你受伤了或者阵亡了，我也会立刻受伤或者死去——如果有那种可能，我也会勇敢面对。可事实却是——我得不到消息。过去这几个月里我的感觉就是，好像我的每一根神经都让一个疯子挑出来，撕开，再放回去。不过现在好了，接下来的两个月里，我又可以控制自己了。而且不用说，我私下里最大的愿望就是你不会再去打仗。

　　我想知道医院的一切——日常生活，治疗，等等。你有威士忌吗？能搞到啤酒吗，亲爱的？手疼吗？要是能到你身边去，我宁愿放弃一切。

　　收音机刚才播了几首优美的"巴赫"。妈妈正在做一只小母鸡，我要进去"帮帮她"打下手。昨天她们从市区回来挺晚，丽塔买了一件很好看的外衣。她买衣服的钱是她卖短篇小说挣的①。那件衣服是黑色羊毛的，有柔软的羔羊毛镶边，很暖和也很合身。

　　希望不久后你能开始收到我的几封信。想到你躺在医院里没有信，没有包裹，什么也没有——我一想到这个就哭。可你知道的，这并不是我的错。我现在还有一肚子没处发泄的无名火呢。

　　妈妈和丽塔上午一直在说想在奈亚克这里买房子。她们听说离这儿不远处有个地方正在出售，我们今天下午打算冒着雪去看看。可我不知为什么并不真想"买"房子，因为还没听你的意见呢。我们都不懂什么"地基"之类的东西。她们已经在商量窗帘的事了，每个人自己的房间里用什么样的窗帘啊——可她们还没亲眼看到那座房子呢。

　　凯很快就会见到你了。我想象着你们见面的情景，忌妒得都要昏过去了。利夫斯，那首诗确实非常优美。我真想看看你在读那首诗的时候是什么表情。

　　我亲爱的人，我现在要到起居室里去会会莫扎特了。你知道

---

① 大概是指丽塔·史密斯的短篇小说《为生者而白》(*White for the Living*)，1942年发表于《女士》杂志，1943年获欧·亨利纪念奖。

我有多爱你。永远是你的，
　　卡森

*

卡森致利夫斯
1945 年 1 月 7 日

　　西部联合电报公司
　　詹姆斯·利夫斯·麦卡勒斯
　　伦敦
　　亲爱的利夫斯第一封英国医院信终于收到。我的信在途中。1月中旬左右凯去看你。
　　我爱你。

　　卡森·麦卡勒斯

*

卡森致利夫斯
1945 年 1 月 8 日

我亲爱的，
　　今天是白雪覆盖的 1 月里一个阴冷的日子，我一杯接一杯喝着热茶,看亨利·詹姆斯的书。我始终看不出他到底好在哪里。人们很愿意在含混不清的书页中蹒跚而行,寻找那些突然冒出来的金句,那些几乎是不期而遇的启发。我一直就没有搞清楚他对当今的诗人影响有多么深——艾略特①、奥登,等等。我想和你一起读《丛林猛兽》②。

我还在和邮局据理力争,想给你寄个包裹。现在的情况是他们不接受我的东西。你得给我一份书面请求,我好给他们看。我本来寄予很大希望,想给你寄去我知道你很需要的书,还有其他一些小东西。顺便问一句,你需要钱吗?务必马上写信告诉我该寄些什么。还有,最亲爱的,我们看到报上说有一百万个圣诞节包裹寄丢了——大部分是德国在比利时突围那段时间里丢的。这好像是说大批邮件刚刚到达就落到了纳粹手里。我们寄的几个包裹你到底收到了没有,亲爱的。我无法设想一个纳粹分子戴着那个很特别的野战用风帽,那东西(我突然想到)战后在严寒的冬季里也迟早有用,你大雪天出去为准备做晚饭砍柴,或者哪天我们有了农场你在里面干活的时候,都用得着。我还特地想象过你戴着那个小风帽的样子。而且我也不愿意设想纳粹把你的烟斗和我们给你的其他礼物据为己有,所以写信告诉我吧,那些包裹你收到了没有。

哈威克·莫斯利(Harwick Mosely)今天要出城来看我们。他应该是坐十二点的公交车来,在我们这儿待一下午。我们午饭

---

① 托马斯·斯特恩斯·艾略特(Thomas Stearns Eliot, 1888—1965),美国出生的英国诗人。
② 《丛林猛兽》(*The Beast in the Jungle*),亨利·詹姆斯的中篇小说。

有鲑鱼蛋奶酥和凉拌甜菜。然后下午我想我们会出去散散步。不是周末的日子我一般不喜欢有人到这儿来；可是我有好长时间没有见到哈威克了，而我又很喜欢他。不过我非常希望他不要打听我的工作情况，因为我有一种很内疚的感觉。但是利夫斯，因为你会很安全地在医院待两个月，我想我那些绝望的焦虑感也会消失的，我能冷静下来继续工作。

小宝贝，我无时无刻不在想你。我想你现在应该恢复得好些了，你的神经应该也放松了一些吧。你现在体重多少？一定要回答这个问题噢，还有我所有的问题。你一定要锻炼，要增强体质——不过我希望那只手永久损坏。女人只有知道爱人在医院里心中才能平静，到这种时候，这世界就真是有问题了。

我得赶快去穿衣服，已经十二点了。今天就写到这儿吧，再见，我的利夫斯。

永远是你的，
卡森

*

卡森致利夫斯
1945年1月9日

利夫斯最亲爱的，

你的电报昨晚到了，正如我担心的那样；我的信都还没有开始到达你那里。我猜邮递过程一定是在德国人12月份的攻击中受到了严重影响——特别是在前线你原来待过的那个地方。我还担心我们寄的圣诞节包裹根本就没有到那里。如我昨晚在给你的电报里所说,想到你躺在医院里收不到信,我心里就难受,自收到战争部的电报以来,我可是天天都在写信啊。不过到现在你起码应该收到我一个星期前发的一封电报了吧。你负伤至今整一个月了。这一个月里只要我醒着,脑子里没想着你的时候屈指可数。

今天是到目前为止今年最冷的一天。气温计降到了两度。不过太阳出来了,但却是一个浅柠檬黄色的太阳,天空是晴朗寒冷的蓝色。昨天我买了一罐炖肉,我们晚饭吃了——今天晚上还是这个菜。这样我们今天就不必出门了。人行道上都是冰,挺危险的。

我一直想着在比利时一场又一场暴风雪中作战的那些人。有的时候,出于无意识的自我保护吧,想象力会停滞下来,无法继续。德国人突破包围的那些可怕的日子里,我想到你在那儿,就会进入那种状态。我们从收音机里听到了德国人是怎样枪毙战俘的——噢利夫斯,那真是太可怕了——我告诉自己说你也可能是那些战俘中的一个;可我什么也想不<u>明白</u>。我为那些还没有得到消息的女人难过。那种感觉一定是无法忍受的。——不过我不再没完没了地老写<u>这些</u>事了。对于我,就目前来说,<u>这些</u>都结束了。

我给自己定了个计划,3月15日之前完成这部怪异的小说。今天上午工作了好几个小时。可是这属于那种一招不慎满盘皆输的作品。有些部分我反复修改了足有二十遍。我必须尽快写完,摆脱这部作品对我的纠缠——可是同时又必须写得精彩。因为就像一首诗一样，没什么借口把它写砸。

亨利·詹姆斯的书看到现在，可能要让我失去自信心了。有几部中篇属于我看过的作品里最优秀的那种。我都看呆了，就像一个孩子傻傻地看着博览会秋千架上的女郎一样。这些作品确实可称为杰出的成就。

妈妈刚才进来说，我们可以把柜子里存放的虾罐头开上一罐。所以我们今天午饭有好吃的了。虾和汤，可能还有美味的凉拌菜。这些天我吃饭总算安心了，不会因为想到你还饿着而心里难受。

没什么新的消息。我生活平静，所以没多少可写的。**真正**发生在我身上的事情都和你有关——其次就是和这本书有关。我说的"你"包括整个这场战争。

我还是不能完全摆脱你在回国途中这个毫无新意的幻觉。我的大脑很清醒，但是某些下意识的反应仍然在继续。昨天我听见前厅里有人咳嗽了一声，很像你的声音——我整个心都豁然一亮。可是我并没有跑去开门，一个星期以前倒真是有可能的。

我今天不出门，这封信我会交给邮差寄出去。

今天下午吃完午饭后，我会用一个小时左右看书，然后看能不能工作一个下午。差不多太阳落山的时候，我就收工，进屋到妈妈那儿去。我们聊一会儿，我喝上一杯。我们俩聊天的话题总是围着你转。然后再过上一会儿我们也许会听听音乐，丽塔这时就从市区回来了。她总要和我们说说城里对一些大事的反应。我们上床睡觉很早，大概九点半吧。

亲爱的，就给我写写你平时都干些什么好吗？

邮差该来了,我只能写到这儿了。
我的爱,你知道你永远在我心里。

你的,
卡森

*

卡森致利夫斯
1945 年 1 月 10 日

西部联合电报公司
詹姆斯·利夫斯·麦卡勒斯
伦敦
我的天使
身体很好但心神不定我的信你都收不到。
我每天都写。
你知道我多么爱你。
永远是你的,
卡森·麦卡勒斯

*

卡森致麦卡勒斯

1945年1月10日

我亲爱的，

快傍晚了，四周美丽而宁静。天空中有一道乳白色的光带，白雪覆盖了河面上的冰。下午我继续看亨利·詹姆斯的书，但是今天其他的事情就很不如人意了。昨晚我几乎整夜都没睡着，所以今天十分疲倦，没法工作。

不过昨晚有一个小时左右还是睡着了的，而且还做了个梦。我梦见我醒了，你躺在我身边。仅此而已——在梦里我既没有好好看看你，也没有碰你，可我知道你在这儿；这个梦没有战争的意味，你在这儿我却丝毫不觉得惊讶，一切都那么美好自然。梦里我只觉得有一种满足，因为知道你在这儿，然后（在梦里）我翻了个身，又睡着了。——今天早上早饭以前，我把这事认真想了一下，当然也就明白了。明天按计划我要到纽约去。可是我离群索居惯了，一想到要到市区去，要和人相处（即便是我喜欢的朋友），提前好几天我就会坐立不安。所以我想把计划取消不去了。

今天没有你的信，不过可以肯定你很快就会开始收到我的信了。而且明天也许又会有你的消息。你的情况我都想知道，没有止境，只有最深切的挂念。但是我现在的担心和原来不同，那时你身在前方，我的担心简直难以忍受。

六点了，我要去冲个澡，简单吃点东西当晚饭，然后直接去睡觉。也许会听半个小时的舒伯特。

这封简单的信属于最傻气的那种。可我从来没有这么累过，简直都快要从椅子上掉下去了。所以今天就写到这儿，再见，我亲爱的。你知道我多么爱你。

永远是你的，
卡森

*

卡森致利夫斯
纽约，奈亚克
1945年1月11日

亲爱的利夫斯，

下午快过完了，雪还在下。今天上午我工作了，可是没怎么用心，下午不知干了些什么，也就这么过去了。有好长时间，我只是在窗前坐着看雪，厚厚的雪片飞旋飘舞，随着东风扑面而来。我心里有一种渴望，想出去走进雪中，如果你在，我想我们会裹得严严实实的一起去走很远的路散步。然后等天黑了我们回来，喝上几杯烈酒暖暖身子。可是按我的习惯，我不太喜欢一个人散步，所以就只是坐在窗口一边胡思乱想一边喝茶。几天前送来一个包裹，收件人是我，左上角写着寄自北极圣诞老人。这是埃德温寄来的一纸箱骆驼牌香烟。他有一个旧金山的陆军军邮局号码,可我说不准他在哪里。骆驼牌香烟可真是个意外的礼物,我们一直在抽的都是最古怪的混合烟。知道你在医院不缺香烟我很高兴。不知你能不能喝上威士忌和啤酒。

我还是只有你刚到英格兰的时候写的那第一封信。我每天都等着再收到你的来信,也等着你回答我的那些问题。我猜你现在已经能走动了,不过我希望你再过一段比较长的时间以后再拆石膏。今天的新闻里有了些多日不见的好消息,但是看起来德国人似乎不用遭受太大的损失就能撤回齐格菲防线①以内。要是天气好转,让战士们能提供战术支援,多好!可我们好像永远也摆脱不了恶劣天气的魔咒。

妈妈刚回来,买了一大袋子东西,有各种吃的,有葡萄酒,甚至还有威士忌。她这是有了个机会和克雷太太一起乘车去购物,借着这个方便储备各种各样的好东西。我们一起把东西归置好,现在她刚坐下来休息,准备放几张唱片听听。这些天我们全靠音乐了。

我今天下午没有按计划到市区去,因为我知道那样我会睡得太晚,影响明天的状态。因为我必须工作了。你回来的时候(你信中说有可能是今年春天),我得把这本书写完给你看。

我常想你回来的那一天。照顾好自己,我的爱。你知道你在我心中的分量。

永远是你的,
卡森

---

① 齐格菲防线(Siegfried line),又译齐格弗里德防线,是二战前德国在境内修建的防线,与法国修建的马其诺防线(Maginot line)相对。

*

卡森致利夫斯
纽约,奈亚克
1945 年 1 月 14 日

我亲爱的,

又是一个星期天。说不出来是为什么,我好像一到星期天就特别想你。你不在,我一整天都感觉哪里缺了一块,做什么都静不下心来。我努力想象你此刻在干吗,今天中午吃的什么,你在看什么书。我写的那些信现在肯定陆陆续续都到了吧。希望星期一上午邮件来的时候能收到你一封信。

昨天的消息说,俄国的进攻终于开始了,我非常兴奋。昨天几乎下了一天雪,我一直工作到下午四点左右。丽塔在家,她星期六不上班。所以我工作结束后,我们一起步行去看我们的法国朋友米昂一家。我们围坐在一个漂亮的大壁炉旁,喝带点酸味的上等白葡萄酒。孩子们把圣诞礼物全拖出来给我们看。真想让你看看小波琳(四岁)的样子,她穿着一套非常逼真的小军装,军阶条什么的一点不缺,肩上还有金色的小标志"美国",她跑到一个椅子搭的障碍后面,用一根拐杖当枪射击,嘴里发出机关枪突突突的声音。我们很晚才离开,然后冒雪走路回家。到家后从收音机里又听到一些俄国进攻的消息。

今天早上雪还在下,结果一整天都没停。薄薄的雪花一阵阵飞舞，风吹成的积雪越来越深。妈妈不用说是特别喜欢下雪的，今天上午简直都等不及了，又要跑到雪地里去。因为是星期天，我们早饭吃得晚，饭后就打开收音机调到纽约古典音乐广播电台。我们听了门德尔松的 E 小调协奏曲。听着听着，我就想起了很久以前的一个星期天下午，我们听耶胡迪·梅纽因[①]在夏洛特的塞尔斯电台演奏这个曲子——记得吗？

　　凯已经走了，我相信她很快就会见到你。当然也有可能去不了你那儿；她这次"旅行"是有向导带队的，自由程度有所限制。我的意思是，她来去都得有人陪着，等等。但是如果出行距离允许，我觉得她一定会去看你。这样你也就终于能看到那首诗了。我已经给你寄去了两本（很久很久以前寄的），可是好像我的邮件你就是收不到。

　　我那场轻微流感现在已经完全过去了——全好了。我在信中跟你说过，你我之间有个小小的约定，就是我 3 月份要写完这本书——我希望是 15 日以前，不管怎样不能过了 4 月 1 日。你回家的时候我得有东西给你看才行。

　　今天上午我在《时报》上看到，一千三百名参战士兵已经回到国内休假，假期三十天。你觉得你会有这种机会吗？我坐在早餐桌旁仔细读报上的那篇报道，想象着他们的家人会是什么感觉——突然接到纽约尚克斯军营来的电话，或者突然收到电报，说他们正在回家的路上。

[①] 耶胡迪·梅纽因（Yehudi Menuhin, 1916—1999），美国出生的小提琴演奏家、指挥家，后入英国籍。

利夫斯，欧洲战事结束后你会不会给派往太平洋战场你知道吗？我说不清为什么，但是感觉你不会。你负伤两次了，参加了那么多战斗，而且你过了三十岁。如果他们把你派到太平洋去，我想我会受不了的。告诉我，亲爱的，你有没有什么办法能知道这个情况。当然欧洲的战事还远没有结束——不过你也知道，只要是和你有关的事，我总是提前就开始担心。

我信中对你提出的其他那些问题会有什么样的答案，我还是不知道。如果你的手和手腕不能活动自如，甚至连你退伍都是有可能的。要么就是送你回国。

天越来越黑了，我这张桌子上没有灯。其实整个这套公寓里都没有可以用来看书的好灯。你要在就会修修了。

我最亲爱的，保重。我深爱着你。

你的，
卡森

*

卡森致利夫斯
纽约，奈亚克
1945 年 1 月 15 日

最亲爱的，

我曾经拿定主意上午不给你写信，让自己等到一天的工作完成后再说。可是今天我又没有做到；我在打字机前坐了三个小时，不超过两秒钟脑子就要转到你身上去，后来干脆把小说从打字机里抽了出来，开始给你写信。今天上午，星期一，来了一封信。信封角上是你原来的那个陆军军邮局地址，我打开信，一眼看到的就是"任务完成"。有一会儿工夫我给吓住了，以为你又回到了战场上，我的心像一只中了枪的兔子一样猛跳了一下。妈妈看见我的脸色，把信从我手里拿了过去。然后我看了看日期——12月8日，你负伤的前一天——于是一切恢复正常。可这一上午，我就什么也没法想了，脑子里只有你。亲爱的你是我的心啊，你所有的信我都记在心里，身上也总是装着一两封（一个长句里有两个心字，不过没关系）。

利夫斯，只有在你身边生活，我才觉得天经地义。我们不在一起的时候，我的感觉是缺乏保护，没有安全感，就像住在一间没有墙的屋子里一样。你明白吗？最简单的事情都带着一种可怕的含意。有的时候我害怕横穿街道，有的时候是坐在公共汽车上，我突然感觉到后轮掉了，就又害怕起来。威廉①会把这种状况称为"焦虑性神经机能病"。可是你知道吗，亲爱的，这可不像曾经和你共同生活的那个卡森。妈妈到杂货店去的时候，我就坐立不安，直到她回来为止。我觉得这是因为，这场战争造成了恐惧的主要来源，加上对你的担心，这一切过于沉重，难以承受，于是我的心智把大恐惧转移分解到众多可能存在的小危险中去了。不过现在好了，你在医院里，我感觉逐渐回到了我原来那种精神状

---

① 威廉·梅耶尔，卡森的医生。

Illumination and Night Glare

态，这是很长一段时间里我没法做到的。好多个月以来第一次，我睡觉没有做噩梦①。而且利夫斯，有两次我还梦见你在我身边睡觉。

我大概不应该在信中给你写这些神经质的小怪癖——如果没有好转我也不再给你写了。我向前看，等着我们重聚的那一天。我知道到那时这些可笑的事就永远结束了——我们可以简简单单地过日子、工作，甚至还能寻回一些旧日欢乐。

你到英格兰以后，我想你一定也向前看，对战后干什么有所打算。讲给我听听吧。

最亲爱的，我不想让你感觉我身体不好。绝对不是那回事。只不过是因为十年前你就开始宠着我了，自那以后我就没有学会在没有你的情况下管理自己的生活。我不一定非要感觉到我们住在同一所房子里不可（虽然那是我的愿望）。但是我必须知道你在世界的某个地方，而且我们始终可以互相联系。

快一点了。手头有个工作必须完成。我应该写完一章的，可不知为什么好像"跑题了"，结果还要费更多的工夫理顺。写完这一章，我想这本书就差不多顺风顺水了，不过这一章可是一点毛病都不能出。

妈妈叫我吃饭了。午饭是芦笋汤和鸡肉拌菜夹心面包。你住院以来我老是觉得饿。

求求上帝，下午邮差来的时候让我收到一封英格兰来的信。我想要开列急需用品的书面请求，这样我就可以给你寄包裹了。

---

① 利夫斯 1943 年 11 月 28 日赴欧洲作战。

我想寄的东西里本来还有一些非常精美的法国巧克力，是从纽约的一个地方买的——可是那天因为太失望，我把巧克力都打开了，分给了丽塔和妈妈。不过我一拿到你的书面请求，就什么都可以寄了。可你得把你想要的东西都写上。

我得去吃饭了，亲爱的。我在亲吻这封信。

你的，
卡森

*

卡森致利夫斯
1945 年 1 月 17 日

我亲爱的，你 12 月 26 日的信今天上午到了，走了漫长的二十四天啊。最糟糕的是，如果我的信也得经过这么长时间才能到你手里，那么你至今<u>还没</u>收到过我的信呢。想到这个可能（我没法不想）我就想哭，就在地板上走来走去。不知那两封电报你收到了没有。

现在是上午，我又食言了。可是我收到了你的信，特别是我很怀疑我的信你没收到，在这种情况下，不给你写这封信我是没法安心工作的。

你说医生们好几天定不下来要不要把你送回国，你可以想象我的感觉。我跟你说过，这一个月里，我一直像中了邪似的，总觉得你在回国的路上。甚至现在我都不能摆脱这种期待的感觉。每次看到一辆公共汽车经过，我都会一直看着车拐弯，看着乘客下车。现在你说如果骨头接合不好就需要做手术，那样你就有可能给送回来。你说要两个月以后才能知道结果——从 12 月 26 日算起，那就是 2 月下旬的某个时间了。这样的话，在那个时间以前，我就会天天给你可怜的骨头念咒语。骨头啊，不要接合，不要接合，不要接合。亲爱的，这件事有什么新的情况，一定要马上用电报告诉我。我每天早上一睁眼就会想，他们把你送回家来回到我身边，这还是有可能的。

　　昨天这里刮了一场暴风雪。我在斯帕基尔约了个牙医，所以出去了挺长时间。风雪过后的街上有一种布勒盖尔①式的饱满精神。身穿风雪服的孩子们两颊鲜红。工人们忙着清理道路，有的街角上垃圾桶里燃着小堆的火。今天上午我又出去了，因为太早，商店都刚刚开门，我进去就找香烟。风雪已经完全停了，淡青色的天空泛着银光。这冬季北方的天空景色——不知为什么比南方的好看。

　　说到香烟，今天上午我买了一个小巧的手卷烟器，还买了些野牛达勒姆牌烟草。而且我还搞到一个烟斗——我用了一下，马上就觉得恶心了。所以要是找不到别的，我就还是用野牛达勒姆来卷。不过一般情况下，我们不用怎么费事就能搞到香烟，不是这种就是那种。说实话，我经常有种内疚的感觉，因为我们生活

---

① 老彼得·布勒盖尔（Pieter Brueghel the Elder，约 1525—1569），佛兰德斯（今比利时和荷兰）画家，擅画冬季风景和乡民生活。因其后期画作署名时常去掉 h 这个字母，所以译名又为布勒哲尔。

的这个国家并没有在这场战争中遭受苦难——当然这永远不包括亲人在海外的那些人（也就是说我们大部分人）心中可怕的焦虑。有的时候我会想，如果我们更多地感受一点匮乏，也许承受这场战争就更容易一点。

最亲爱的，我现在要去试试看能不能开始工作了，就写到这儿吧。很快，当然是很快，你就会接到我的信的。上帝保佑你。

永远是你的，
卡森

*

卡森致利夫斯
1945 年 1 月 18 日

亲爱的利夫斯，

下午快过完了，我洗心革面，今天成了一个勤奋工作的人。只写好了一页左右，但是我一直稳稳当当埋头干活。

俄国人的进攻已经开始，我常有一种期待感。昨天可见莫斯科的分量[1]，发自卢布林[2]的报道说占领了克拉科夫[3]，斯大林的一

---

[1] 原文是 the fall of Moscow，但二战中莫斯科从未陷落。1945 年 1 月 17 日，苏军白俄罗斯第一方面军攻占华沙。卡森此处也许指的是这件事。
[2] 卢布林（Lublin），波兰城市。
[3] 苏军乌克兰第一方面军于 1945 年 1 月 19 日占领波兰城市克拉科夫（Krakow）。这里可能有时差等造成的日期差异。

Illumination and Night Glare

个公告宣布攻陷切斯塔科瓦①。我整天都听收音机，一会儿开一会儿关。现在的报道是俄国人在西里西亚②边境上。如果可以和西方国家协同发起一场进攻，这场规模宏大的战役③很有可能结束战争呢。

昨天我们要是在一起该多好啊。两点左右我出去散步，走得比较远，看见了一幅光彩夺目的午后景色。天空碧蓝，纤尘不染，积雪在阳光下闪闪发亮，像棉花糖。我沿着河边的路，踩着雪走了很长时间。哈德逊河也是蓝色的——不过比天空暗得多，是一种深蓝。我从明亮的室外回到室内，有一两分钟时间前厅和公寓里看起来一片漆黑。

昨天收到洁茜的一封信。她信里说，汤姆好像工作很努力，也好像很快乐。我认识洁茜时间越长，就越喜欢她，爱她。她当然也希望你给送回国来。

不知凯是不是去看过你了。我翻来覆去地想象你们见面的情景。很高兴那些弹片打的伤口愈合，你可以走动了。手疼得厉害吗？我讨厌去想有什么东西让你疼，可我又害怕伤口长好的那天来到。收到你的信以后，我就一心想着我的咒语了——骨头啊，不要接合，不要接合，不要接合。需不需要做手术你弄清以后，一定要马上告诉我。

但愿今晚能来一份电报，说你开始收到我的那些信了。

天黑下来了，该去听晚间新闻了。从早上八点起我几乎就一

---

① 切斯塔科瓦（Chestakkowa），地点不详。
② 西里西亚（Silesia），中欧历史地域名称，位于当时苏联西部境外的波兰、捷克、德国一带。
③ 应指二战史上的维斯瓦河-奥得河战役（1945年1—2月），由苏军发起。

直在这张桌子前面坐着,所以现在特别累。休息,看书,放松,我亲爱的。写信告诉我你现在的体重,注意身体。你知道我爱你。

永远是你的,
卡森

*

卡森致利夫斯
1945 年 1 月 24 日
纽约,奈亚克

利夫斯最亲爱的,

今天上午收到凯发来的电报,说她见到你了,一切都好。如果我不能确认我的信你都能收到,那么让她去看看你也不错——这样我就放心了。

我上次写信后已经过了四天——这是好几个星期以来相隔时间最长的一次。不过这事那事的,总是猝不及防,让我忙得不亦乐乎。星期六我到市区去了,和奥利弗喝酒聊天(我们很长时间没见面了)。然后我带着他去看路易丝·雷纳,我答应过那天下午去看她。我本来希望他们彼此留下个好印象,这样可以给双方都带来一些机会,因为路易丝是演员,奥利弗现在是制作人——可结果却是他们大吵起来,我只好忙着劝和。完事后我就到莫里斯家吃晚饭,晚上就在他们家住下了。星期天上午我到凯家里去看她的几个孩子,和他们一起待了一上午。孩子们都是又漂亮又健康,波比把家里管得特别好——我在电报里告诉凯了。乔治病了,所以下午我就去了布鲁克林。我们搬到这边来以后,这是我第一次去米达街 7 号。那天下午我陪了他一段时间,然后回家,人都要累瘫了。没有给你写信的头两天里就做了这些事。

我到家后发现妈妈得流感了——她好像比我感冒的时候还要难受。丽塔也不舒服,公寓里到处都脏乎乎的。东西乱七八糟加上人生病,满目凄凉,让我无法忍受。于是我先把妈妈安顿舒服了,接着就卷起袖子开始干活。我把地毯都拿到走廊上去拍打一番再扫干净。然后把地板全拖了,掸灰,洗东西,把家里收拾整齐。这用了我差不多一天时间,干完以后又做了点晚饭,这就累得没法写信了。

好了,今天上午家里总算看着比较顺眼了。妈妈自然是还病着,不过好像也就是普通的流感。我上个月得过一次,现在刚刚好起来。所以别担心,她会恢复得很好的。我一定会好好照料她。医生给她留了些胶囊,给了我一种滋补剂。所以我们很快就都会活蹦乱跳的了。不过,她好起来之前,我觉得我没法对工作太投入。妈妈不会有什么麻烦事,可你知道照料人是怎么回事:总有事情要做。

我盼着能收到你的信。最后一封还是 12 月 26 日那一封——那段时间大家都十分着急,因为看起来德国人好像就要突围了。现在的局面完全不同了。今天的消息里有西里西亚的战斗,波兹南[①]的战斗,对东普鲁士[②]的包围差不多就要形成了。这里对苏联

---

① 波兹南(Poznan),波兰城市。
② 东普鲁士(East Prussia),原德国东北省名,二战后分属波兰和苏联。

人的胜利有一种兴高采烈的气氛，但是专业的评论家作出预测都很谨慎，因为去年 8 月的希望已都落空了。

　　过一会儿我就要去给妈妈做点牛奶烤面包了。然后我就开始等邮差。不知为什么我觉得今天下午好像一定会有信。我特别想了解更多医院里的情况。我每封信里都问的那三个问题，我也特别想知道答案。

　　今天下午邮差来过以后我想看普鲁斯特的书。今天仔细想了想，我可以说是欠着普鲁斯特的巨额债务。这不是什么他"影响了我的风格"之类的问题——而是一种难得的幸运，就是我总能找到可以向其求助之物，即一部伟大的书，这部书从来不会失去光辉，熟读之后也从来不会变得乏味。这种耐久性当然在一定程度上可以归因为作品很长，不过也就是一定程度而已。今天上午我看的几个部分是和斯万有关的，里面还描述了早年间贡布雷那些可爱的景致①。——这书当然还是多年前你送给我的那一套。我想寄给你让你在住院期间看的，就是这种书。

　　我亲爱的人，我经常想到你。这你是知道的。今天天气很奇怪。一个小时阳光灿烂之后，天突然暗下来，一场大雪降临，在窗玻璃上堆起来，抹去了这个世界，随后雪又突然停了，又是一派阳光明媚，美好清新。

　　我得去做牛奶烤面包了。这次就到这儿吧，再见。

　　永远是你的，
　　卡森

---

① 普鲁斯特巨著《追寻逝去的时光》(*In Search of Lost Time*) 中的人物和地点。

Illumination and Night Glare

*

利夫斯致卡森
1945年1月24日

西部联合电报公司
卡森·麦卡勒斯
纽约,奈亚克
如此前未曾汇款,请电汇一百元,由陆军军邮局316交我。
可能很快回国。
爱你
利夫斯·麦卡勒斯

*

卡森致利夫斯
1945年1月24日

西部联合电报公司
詹姆斯·麦卡勒斯
伦敦
款已汇。
还需要什么?

每时每刻看着你等着你。

爱你,

卡森·麦卡勒斯

*

卡森致利夫斯

1945 年 1 月 27 日

亲爱的利夫斯:

可能很快回国! 自接到电报起,这几个字就不断在我头脑中回响。从现在起直到我见到你,中间的这些天,都献给悬念。**很快**有多快?我的咒语起作用了吗?骨头们没有接合?让我担忧的是**可能**两字——如果是**将会**多好!你回来的可能性到底有多大?你的伤情有什么变化?还有,要是你真的回来,是休假还是不再去了?可能的话,用电报告诉我更多明确的消息吧。

汇去的钱够吗?<u>如果还需要,告诉我。</u>

噢亲爱的,我太兴奋了。妈妈、飞飞[①]和我一开口全是这件事。我拿着电报看了一遍又一遍。你知道我一直都觉得你快要回来了,这种幻觉在我脑子里赶都赶不走。

今天我卧床休息,只是感冒而已,但是我想在你到家的时候我一定要处于最佳状态。不知你是乘飞机还是乘船。我没心思做

[①] 原文为 Skeet,意为"飞碟"或"飞靶"。即丽塔,卡森妹妹玛格丽塔·加歇·史密斯在家里的昵称。

其他事情，只是想着你回来头几天要做些什么。我想象着给你切肉——或者只是全神贯注看着你，轻轻碰碰你，看你是不是真实的。——利夫斯，有了什么确定的消息，<u>马上</u>告诉我。除非我得知更多消息，否则我的感觉就像一个人始终在空中飘着。请原谅我在信里说这些疯话，在这种情况下我只能这样。

永远是你的，
卡森

*

卡森致利夫斯
1945年2月4日

西部联合电报公司
纽约，奈亚克
詹姆斯·利夫斯·麦卡勒斯
伦敦
我的信都收到了吗？
需要钱吗？
会很快回国吗？
给我发电报。
爱你，
卡森·麦卡勒斯

卡森致麦卡勒斯
1945 年 2 月 8 日

利夫斯最亲爱的，

收到那封提及**可能**的电报以来，还是不见你的片纸只字。我每天两次盼着邮件，觉得一定很快就会有封信的。我每天都盼着你——可我不知为什么觉得你回来要到月末了。求你，利夫斯，如果回来的日期推迟——求你了，亲爱的，坐下来写封信吧，把来龙去脉全都告诉我。回答我很久以前就反复问你的那三个问题。

快六点了，从上午九点起我就坐在这台打字机跟前了，只是离开去吃了个午饭，再就是走着去了一趟商店。雪下了一整天。外面的栅栏上和树杈上都堆着雪。天色昏暗。

我没什么事可说。我工作，其余的时间里就是想你什么时候回来。每天傍晚我走进起居室，妈妈就会和我玩个小游戏——设想你敲门、打来电话、发来电报的时候会是什么样的场面。

上帝保佑你，利夫斯。记住，如果你确信要 2 月以后才回来，请给我写信说明怎么回事。不过也许你一个星期左右甚至今天晚上就能回来——谁知道呢？这个月是我所知道的最慢的一个月了。

先写到这里吧，再见。

永远是你的，
卡森

Illumination and Night Glare

*

卡森致利夫斯

纽约，奈亚克

1945 年 2 月 19 日

利夫斯亲爱的，

我一个星期没写信了，因为几乎确信你在路上。我希望我们能一起看这封信。我每次外出走在街上都觉得会看见你，每次有人敲门都有那么一会儿以为是你来了。

今天吉妮[①]来电报说小弟[②]在旧金山，两个星期以后回家。妈妈高兴得哭了，现在正在给吉妮写信。

今天我盼着你的心情比平时更加虔诚——也许是因为今天是我的生日。另外我还听说有满满一条船的伤员要送到离这里不远的一处军营。我简直没法离开电话一步——我坐在那儿**盯着**电话，想着怎么能让电话铃响起来。

我们的洗衣女工那天来的时候高兴得都要晕了。她儿子和你差不多的时间受伤，两天前居然走进屋子来了。不用说我问了她无数的问题。

可写的事情不多。这种七上八下的状态让我静不下心来去想别的事。自收到你 12 月 26 日写的信以来还没有收到过你的信呢

[①] 弗吉尼娅·斯坦达德·史密斯，卡森的弟媳。
[②] 小拉马尔·史密斯，卡森的弟弟。

(除了那两封电报)。如果你不是在途中,我肯定应该收到你更多来信的。要是出了事,要是你暂时不回来,你**一定要**写信详细告诉我到底是什么事,你现在的情况如何。我在那么多信里没完没了地问你的那些问题,你一定要回答我啊。

  此刻天气晴朗,景色很好。昨天我出去散步,发现树上鼓出了第一拨泛红的芽苞。哈德逊河是深蓝色的,阳光一片金黄,有了春天的样子。今天会是个好天气,我们可以出门去散散步。

  我想开始工作,可是不行,但看了很长时间书。我在打字机前坐了好几个小时,做出工作的样子,可我的脑子里天马行空,总是在想着你。

  最亲爱的,我希望并且盼望着这封简短的信是在这里交到你手上的。不过我还是会寄出去,以防万一有什么事干扰了或者推迟了你回家的计划。

  一定不要忘了我是多么爱你。

永远是你的,
卡森

*

卡森致利夫斯
1945 年 4 月 2 日

我深爱的人,

  今天黎明醒来,一直在想你回程路上究竟是怎样一番情景。

恐怕你累得够呛了。我一整天都在想你。我的利夫斯，你明白我的爱吗？我想要你每一刻都感受到我对你的温柔——我想让你的每处神经和肌骨都有此感受。正是以这种方式，我感受着你对我的爱。你身上寄托着我的爱和安全感——这是我不断前行的动力。我们想生活和工作，安安静静，伴着内心几分平和。我们的未来是那样充实，我们有那么多事情可做。

我刚给伊丽莎白·艾姆斯写了封信，很有可能不久就会收到她的来信。

亨利刚才打来电话说，他要去给一位盲人朋友读几段他的书，想知道我愿不愿意同去。我不愿意，一点那个想法都没有。可这就是那种无法拒绝的邀请。他去的时候正好从这过，所以会和我们一起吃晚饭。

妈妈还是摆脱不开买房子的那个想法。亨利说想和我们一起去看看那个地方。

我可爱的利夫斯。用什么词语来呼唤你我觉得都不够温柔。照顾好你自己。尽量别喝酒，这也是我对自己的要求；喝太多了对我们俩都非常不好。学习吧，工作吧。我们的未来，从现在开始起这几年内我们在一起的可能性，也许就要看从现在开始起这几个月内你能学多少德语和法语了。

这只是一封情书噢。先写到这儿吧，再见。

你的，
卡森

*

卡森致利夫斯

1945 年 5 月 8 日

利夫斯最亲爱的,

上午工作结束后简单写几句吧。完成了两页左右,打算下午再加把劲多写点。

你始终和我在一起。昨天听完胜利的节目以后,我特别想和你一起安安静静地喝杯葡萄酒。我不理解那些还能无休无止地在时代广场乱转、吹着喇叭的人。我总是想着那些永远也回不来的人。可你回来了,我怎么感谢上帝也觉得不够。

我很高兴你给约翰·文森特·亚当斯写信说了联合国善后救济总署①的事。再写信时请转达我对他的爱。不过我很怀疑联合国善后救济总署在医疗状况方面的要求和盟军政府不太一样。我还特别急于知道你有没有可能退伍。有什么事一定要尽快告诉我——马上。另外,我还在等着你用电话告诉我你手腕的情况呢。亲爱的宝贝,我过得很好。每天只喝两小杯威士忌。就是工作。而且我每天都要出去散步。

城里的香烟好像给一扫而光了。可能的话,要是有剩的,能

---

① 联合国善后救济总署(UNRA, United Nations Relief and Rehabilitation Administration),中文简称"联总",成立于 1943 年,由当时的美国总统罗斯福发起。名称中的"联合国"并非战后成立的联合国组织,而是指二战期间同盟国参战国家。

给我们寄几包吗？我亲爱的丈夫，我太想念你了。你知道我有多么爱你。我不写了，腰背好累。

先写到这里吧，再见。

永远是你的，
卡森

*

利夫斯致卡森
1945 年 7 月
周二晚

我最亲爱的人，

今天收到了你的信，感觉真好，而且周日和周一还和你说了话。在这个监狱似的地方，从周一到周五就够难受的，周末就尤其糟糕了。尽管如此，我在这儿的"刑期"很快就要结束啦。

很抱歉我得再说一遍，我这儿的情况毫无变化，和我最后一次见到你的时候一样。不过我的材料随时都可能从华盛顿发回。我听说的是这样：两种可能——一张办公桌，也就是军队的行政工作，地点看他们的需要，再就是退伍。在履行公务时造成无论何种残疾的军官都不会赋予闲职。这里的一个律师告诉我，这种军官要么工作，要么退伍。

我一有确切的消息就告诉你，亲爱的。在此期间，千万千万不要紧张或者担心，接着写你那本快要完成的书就好。

我们所有的艰难时刻都已经过去了。相信我。我们为获得某种和平幸福已经做出了牺牲，我要确保我们拥有这一切。

如果一段时间里我们不能出门旅行，或者说不能完全如愿，我们至少可以安定下来，享受彼此的温暖、快乐和陪伴。就在国内我们也有很多要做的事。

此刻我比任何时候都能感觉到你就在我身边，也比任何时候都更加爱你也渴望着你。一整天我都在想象中和你对话，思念着你。你是我无尽的源泉。噢，我亲爱的姑娘，我对你的爱温柔而又深沉。

战争就要结束，大麻烦已经全都过去了，我们的生活刚刚开始走向成熟美好。你相信的，是不是？**必须相信！**

我有可能在一个安静地方蹲下来的时候，就会学学法语，复习一点数学。我想再多看点亨利·詹姆斯的书以后跟你聊聊。他写得非常吸引人。最近还看了一本小书，很令人伤感但是很坚强——艾伦·西格的日记和书信①。这场战争和上一场战争相差不多，区别只在于我参与了。

出于某种原因吧，上个星期我和自己约定，下次见到你之前我一杯酒都不喝。结果呢，这确实舒缓了鼻窦压力，之前我都疼了十几天了——而且还省钱。

有事我给你打电话，如果没事，我就周六晚上七点半打。

---

① 书名是《艾伦·西格书信与日记》(Letters and Diary of Alan Seeger)。艾伦·西格（1888—1916），美国诗人，一战中阵亡。最著名的诗是 I Have a Rendezvous with Death（《我和死神有个约会》)。

很快就会见到你了,我亲爱的。

给你我全部的爱,
利

*

纽约奈亚克利夫斯
致纽约萨拉托加泉雅都园区卡森
周日深夜

我亲爱的,

　　这儿下了一天的雨,刚停,清凉舒适。我刚才到花园里去抽了支烟。夜色漆黑,周围一片宁静,远处有只狗在叫。夜晚和白天都比去年这个时候我们所经历的那些日日夜夜要美好得多。

　　今天忙了一天。丽塔、莫和我粉刷地下室、做清洁,等等。完工以后地下室会非常舒适。顶楼怎么弄我就比较犹豫了,因为我们总是定不下来用什么颜色。如果我很快就回到这里来住一段时间,我会给你寄一张色谱图,你选个颜色。然后我就去干。如果我不回到这儿来,那么到你回来的时候,你的书也写完了,我们就可以一起干,你来指挥,那一定是乐趣无穷。

　　莫昨天来的时候带来一大块烤牛肉,贝贝用它做了今天的晚饭。大家都说你要是在家和我们分享就好了。不过我真的希望你在那儿不缺吃的。请在信里详细告诉我你有什么困难,身体是不是恢复了。

上周我给尤蒂卡[1]打了电话，因为我的材料还没有从华盛顿返回，我申请续假，如果没有电报叫我提前回去，我就21日回医院。我可能周三去华盛顿，有了好消息我会立即告诉你。医院给我寄了一份**例行公事**的表，要我填写服役和参战的全部经历。我听说所有因伤永久性残疾的军人都要填这个表，但不一定意味着退伍。有新的情况我会马上告诉你，亲爱的。131号[2]没有你就不一样了。对我来说，不在你身边，周围的一切都不同。你始终在我的脑海里，有时沿街走着，我都会想象着遇见你。就是活到一百岁，我和你在一起也待不够。你就是我的一部分，就像我的大脑和我的心一样。

回到尤蒂卡以前，关于我的近期安排没有更多消息了。我不喜欢这种悬而未决的感觉，但是没有办法，亲爱的。我们很快就会得到消息的。无论怎样，都不会再有过去那种可怕的事了。

我很好，很健康，自己很注意身体。我正在做一个好孩子，以后也会这样。我知道你也很注意身体。贝贝和丽塔都好，也都很想念你。丽塔回来了，原来打算下周去新奥尔良，但是打了个电话以后决定等一等，因为新奥尔良那边说他过两三个星期就到这儿来。又是老一套的借口。她请了几天假，不过周一就要回去了。

你把书写完准备离开雅都的时候，如果我还在尤蒂卡，我就过去把你接回奈亚克来，一直住到我们的计划全部安排妥当为止。

---

[1] 尤蒂卡（Utica），纽约州中部城市。利夫斯回国后即住在这里的一家军队医院。
[2] 指卡森妈妈1945年5月在奈亚克百老汇南路131号买的房子。卡森此后一直住在这里。

有些话我没法在电话里说,因为旁边还有人,不过你始终都是知道的,我爱你,那种爱没有任何一种数学方法可以衡量。

利夫斯

*

纽约奈亚克利夫斯
致纽约萨拉托加泉雅都园区卡森
周二晚
奈亚克

我亲爱的,

今晚很高兴听见你的声音,不过你听起来有点累,没有精神,有些沮丧。这不怪你。我也觉得很丧气。我现在的感觉是美国陆军太他妈的让人生气,我都火冒三丈了。

周一晚上给你打电话的时候,我接到的命令只是向迪克斯堡打报告要求重新派遣。今天上午战争部从华盛顿直接发来命令,把我派遣到佐治亚州惠勒军营。这个命令有个说明,意思是我到那儿去只是为了等着重新派遣。他们要是能想得出比惠勒更糟糕的地方(惠勒在佐治亚的梅肯),估计也就把我派到那儿去了。虽然我两栖登陆和训练的经验不少,但是他们肯定不敢把我派到我们有可能靠近海滩的佛罗里达去。不能去啊,因为那样我们的日子就太幸福太愉快了。

灭蝇纸还有另一面呢，卡森。我是个经验丰富的步兵。他们正在南方想办法要把卖鞋的职员和卖丝带的推销员训练成能打仗的大头兵，所以他们说那里特别需要我。那好吧。我跟你说过在许特根森林①我见到的那些德军补充兵员——浑身发抖、士气低落的小孩，根本就不懂什么战争、敌人、战斗——他们甚至都不知道死是怎么回事。那些军官对这些人的训练都是装样子的，我恨他们，诅咒他们。你知道的，步兵是我的最爱，这是就军队而言，而且我也并不是真的很不愿意重新跨上战马。我不喜欢对人指手画脚，但是战争是个严肃的事，我愿意尽我所知跟他们讲讲，和他们在一起，给他们一些指导。如果他们需要我去搞步兵训练，那没问题，不过我觉得我在欧洲参加盟军政府的工作更有价值，所以我准备下周再向他们提交一次我的申请材料。我的假期很有可能增加十天，我会再去见见华盛顿那些人。还有，我准备接受海伦娜②的提议……就是参议员瓦格纳和众议员米德的事。夏洛茨威尔③的弗拉德太太是凯布将军（当地大学里盟军政府学院的负责人）的私人朋友，她说她会给凯布将军打电话帮我促成此事。**假如**盟军政府还需要为欧洲战区招募军官，那么本人可以胜任。我会把情况随时告诉你。

在此期间，我会把顶楼收拾干净，8月9日我去南方。等我

---

① 许特根森林（Hürtgen Forest），位于德国和比利时边境。二战史上有著名的"许特根森林战役"（1944年9月—1945年2月），美、德双方投入大量兵力，都伤亡惨重，战役结果为美军胜利。
② 应为卡森家原来的房东、邻居海伦娜·克雷，即前面几次提到的克雷太太。见弗·斯·卡尔《孤独的猎手：卡森·麦卡勒斯传》，上海三联书店2006年版第258页、285页等。该书译为"克蕾"。
③ 夏洛茨威尔（Charlottesville），美国弗吉尼亚州中部城市。

接到派遣在那边有了稳定的驻地以后，如果你还想来，我就找个正规的家属宿舍。我很愿意两个人在一起，但是如果你到南方来还是我把你拖来的，那就太勉强了。也许不久就会有结果了。

我从尤蒂卡回来进门的时候，贝贝刚给你打通电话。这地方还是老样子，或者说，比以往更舒适，更令人愉快。这里每一个角落都有家的感觉。贝贝看上去很好。你的信把她吓住了，现在白天只抽八支香烟。她发誓说有两个星期连一杯啤酒都没喝了，我在厨房里也找不到空啤酒瓶。我们等丽塔等到九点，然后就吃了烤鸡、粗玉米粉和饼干。我们听了几张唱片，和弗拉德夫妇聊了一会儿，九点左右，丽塔就回来了。现在大家都睡觉了，写完信我要看会儿书。

我亲爱的，我亲亲的宝贝卡森，我想你，我白天黑夜都想着你。不久以后的某一天，我们就会真正在一起了，可以坐下来注目凝思几个小时都相看不厌。我觉得我们需要的不是一个假期，而是连续不断地共同生活五年左右。这五年要是能在欧洲就好了，不过在美国也不错。你觉得呢？

今晚我给贝茜打了电话，她和亨利都好。过几天她会来看我们。安妮还在加利福尼亚焦急地等着到太平洋去的 B-29 飞机。她在洛杉矶见到了缪丽尔·鲁凯泽，她向我们问好。家里的事我想贝贝都写信告诉你了。大家都很好。拉马尔还在加利福尼亚。

很高兴打字顺利，希望不久完工。但愿我能在那儿帮你一把。我还要在这里待十天。记着给我写信。我爱你超越一切。

利夫斯

*

利夫斯致卡森
周五晚
1945年8月3日

我亲爱的卡森，

我总算是在这里安顿下来了——也就是说，我有了单位，从现在开始四五个月里我的工作有了大致安排。这就是我的派遣驻地，但是时间多长不确定。

我想起《金色眼睛的映像》开篇第一句话——和平时期，所有的军队驻地都差不多。其实战争时期也差不多。唯一的不同是你和你不想远离的那群人或者那个人相隔有多远。被迫回到南方已经糟糕透顶，还要和你分开就更加难受。

最重要的是，我想保护你和我：我们。我想用描述的方法说说这个地方，看今后这几个月里我们在梅肯的生活会是什么样子；然后你就得做出判断，看这样的生活对你对我们是不是有害。

序：你知道我有多么爱你，为了你我可以忍受我们不在一起，如果我觉得暂时这样对我们俩都好的话。而你也一定不要忘记，你是我唯一付出真爱的人，也是我生命中唯一深感认同的人。但我没必要把这些全说出来——你心里已经很明白了。今晚我给你发了电报，说我希望9月份我们能到一起，但是必须把我下面要说的这些情况都考虑进去。

Illumination and Night Glare

1. 这个地方尉官的职责有点讨厌。这里对士兵和军官的纪律要求据我所知是所有军队中最严的。天气炎热和高强度训练造成的体能压力非常大。精神压力小于实战，因为没有死亡威胁。杰拉德大概在这个步兵新兵补充训练中心待过，可是如果在法国外籍军团①之外还有这种事，那我就活该倒霉。我听说的是，这里<u>并不是</u>和其他地方差不多。这儿的气氛里有点别的东西，我信里写不清楚，要是很快就能见到你，我可以跟你说说。不过去它的吧！美国陆军端得出来的东西我全都吃得下去；实际上我自己也能端出来。我能在这儿熬上好几个月，再来它几个月，再加几个月，**只要**我知道你一切安好就行——能工作，心态理智平和。

2. 这里会很寂寞。对你我都是这样。你比我更寂寞，因为在漫长的白天，我会一心投入工作，这种工作对一部分人来说很重要，很有意义，虽然没那么有趣。这里也不会遇见或者认识什么人可以晚上一起聊聊。人都不在——要么在岗，要么去城里了。不知道你是否熟悉参战军官和他们的妻子。我见到的所有军官里，没有一个是喝完第二杯酒之后还能让我们感兴趣的。白天里他们都是好小伙子，一切正常，因为他们正在做重要而且必要的事情，可是晚上五点钟以后——面目全非②！

我和你在一起的时间，每周最多四个晚上，一个月只有两三个周末，有时我还得参加野营训练，每次出去一个星期。这可没

---

① 创立于 1831 年，法军的一部分，由外国志愿者组成，以人员复杂闻名，此处或指其训练严酷。
② 原文是一个德语词 Nein。

有夸张——这就是训练计划。所以你会寂寞得要命——而且,我亲爱的,可能没有钢琴,甚至连音乐都没有。

梅肯是个挤满了军人的战时城市,成千上万的士兵,成百上千的军官,不久就要到海外去履行职责,都抓紧时间和妻儿老小共度最后的几天或者几个星期。我今天开始咨询了,但是不知道能给我什么样的公寓。运气好也许能搞到个条件不错的住处。

3. 单身军官在这儿的生活和在修道院里差不多。我经历过这种禁欲的生活,不跟你在一起的时候,我就是这么过的。不好过,但并非不可忍受。如果我知道你能在奈亚克安顿下来度过冬天,可以工作而且不太寂寞,那么我就在这儿过下去,没有问题。不管怎么说,卡森,去年也就是44年的6月我特别想你,那个时候鲜血从我身上喷涌而出——我心里全是恐惧;在布雷斯特的灌木篱笆墙后面,在欧洲其他地方那些冰冷泥泞的散兵坑里——相比之下,在这个地方想你倒也不坏。

4. 说了那么多,终于可以言归正传了。我们知道我们彼此相爱。你现在应该明白了,我对你是全心全意的。我的生命中从来没有过也决不会再有其他人的位置。我不想让这话在你听起来像是最后通牒。我主要是把事情的不利一面呈现出来。你知道的,不管生活把我们抛到哪里,我们在一起都会有欢乐、安宁、幸福的时光。但是在今后几个月里,你会比以往任何时候都感觉孤独——也就是说,有大量的时间,只有你自己一个人在南方一个小公寓的房间里待着——而我在这里的岗位上,见不到你。

说到底就是:一种巨大的恐惧(这是我心灵中仅剩的恐惧;其他的恐惧我都已经摧毁了,或者是别人替我摧毁了),害怕某个想象中的朋友隔断你我,直至把我摧毁。

我占先机之处就在于,我可以承受很长很长时间与你分离。

所以决定权在你,最亲爱的。我不软弱,可我无法对此说是或者不。

希望打字的事一切顺利,但愿能在那儿帮你的忙。把这事全都交给安[①]处理吧,回到奈亚克去,好好想想再做决定。

你是我珍爱的宝贝卡森,我不相信任何人像我这样深深地爱过你。

利夫斯
佐治亚,惠勒军营
步兵新兵补充训练中心第 4 营
电话 #288
 请看背面

看完此信后,我请求你千万慎重,认真考虑,做出你认为是正确的决定。我听你的。

 我爱你,
利

[①] 安·沃特金斯(Ann Watkins),卡森的代理人。

*

利夫斯致卡森
周日晚
1945年8月5日
西部地狱① 东南方向三英里

我亲爱的姑娘,

　　昨晚要是有人听见我们打电话,肯定觉得我们太讨厌了,真该下地狱。我们都受够了,烦透了,可我们还得忍受下去。别忘了,亲爱的,我们都是老兵了,经历过比这还糟糕的时候。不会太久了。战争结束得可能比我们想象的还快。

　　我担心我的另一封信可能看起来有点荒腔走板,说实话,写信的时候我累得要命,还喝了几杯。但是第二天早上我把那封信又看了一遍以后,还是去寄掉了。希望我没说错话让你不高兴。我不会有意说伤你的话,或者做伤你的事。这你是知道的。

　　这里热得要命,还是过去那个恶魔一样凶猛的法西斯南方,我用了二十多年时间想逃掉的。我坚守着岗位,尽最大努力把我的工作做好。

　　我还是认为今年冬天你住在奈亚克或者雅都更为明智。到那

---

① 调侃。

Illumination and Night Glare

时也许我就可以找个什么路子离开这里了。还是那句话，我在这里不会有什么问题的。我能坚持到底，不会喝酒，我会努力工作再工作。我工作越努力，日子就越好过。还有呢，圣诞节期间我很可能有假期，可以去和你团聚。我在这儿能坚持，亲爱的。

如果你还是觉得一定要来，我试过几个渠道，想找个住的地方，但是至今没什么结果。我今天给贝茜·邓伍迪打了电话，她那儿也不乐观。她只有一个带家具的房间，是朋友家的。不管怎样，我会继续找的。

我很丧气，不过待会儿就过去了。下周有新兵来，我会一直很忙。白天和大部分晚上。

这里有些小伙子人很好，我交了两三个朋友。上校似乎还不错。他家在尤蒂卡。这就是你喜欢的那种军队。

不要着急，卡森，要沉住气。为了我们，为了我们将来的幸福，我请求你不要喝得太多。你认为怎样好，就怎样决定，我们按你的决定办。

我珍爱的宝贝，亲爱的，我爱你。

你的，
利夫斯
ＸＸＸＸＸＸＸＸＸＸＸ[①]

[①] 书信结尾处的 X 表示"吻"即 kiss，有几个 X 就表示几个"吻"。

*

利夫斯致卡森

周二晚

1945年8月7日

我亲爱的——

　　我很累了，可还是想给你简单写几句再睡觉。快十点了。这里是五点半起床，一小时后训练开始。住在城里的伙计们为了按时赶到这儿，<u>四点半就得起来</u>。要是迟到了，就一个星期不许离岗，还得罚半个月的薪水——<u>这条规定</u>是专门把军官包括在内的。

　　我把这点招人讨厌的情况写在这儿是想告诉你，夫妻俩在这儿生活并不是太美妙的事。

　　今天下午下了场雨，晚上凉快点了。甚至还有点凉风。可这没什么用，明天、后天还是照样热。

　　我在这儿还是老样子。我每天工作十一个小时，和部队在一起，偶尔值夜班。一般都很累，倒在床上就睡。很少的一点空闲时间就用来看书，学数学。

　　有时候会累得感觉不出寂寞来。我严格履行职责，但是其他的事，面对所见所闻我只觉得震惊，气得冒火。恐怕同行们[1]看

---

[1] 此处"同行"原文中为法文 Confrères。

我都觉得我好像反社会——其实那不是我真实的天性。不过我很快就会习惯这一套,然后乖乖地墨守成规,就像这里其他人一样。

谁知道呢?因为原子弹爆炸的缘故,战争可能还得过一年才结束吧。

我有八十八分了,步兵军官要一百分才能退伍[①]。

约翰·文森特·亚当斯一直和盟军政府保持着联系,一有欧洲的名额就会告诉我。可要是杜鲁门先生[②]不让你跟着我一起去,我就不要欧洲了,而且我觉得一年之内民用客运恐怕都不会开通。

目前看来,我们近期的未来不太令人鼓舞,是吧?不过相信我,亲爱的,去年这个时候我们的未来还几乎不存在呢。

不要发愁,我的天使,我们想办法从体制中挤出柠檬汁来吧。我们经历过的磨难比这可严重多了,眼下不过是要在美国国内分离五六个月罢了。我们能承受。

贝贝这个冬天需要你,不管怎么说,你们还得在一起过三四十年呢。

现在正在进行的这一轮训练到 12 月的第二个星期结束,我想不出有什么理由不给我两周假,好让我圣诞节时可以在奈亚克和你团聚。那可就太开心了,是不是?

收到你的来信,见到你,都好像是很久以前的事了。有空就给我写信吧。书稿完成的时候告诉我,我会为你喝几声彩。

[①] 二战后期,美国为应对战后大批军人退伍开始制定各种政策,其中一种即积分制。
[②] 哈里·S·杜鲁门(Harry S. Truman,1884—1972),1945 年 4 月 12 日以副总统身份接替因病去世的总统富兰克林·罗斯福(Franklin D. Roosevelt),成为第 33 任美国总统。1949 年经竞选连任总统至 1953 年。杜鲁门姓名中间的 S 取自家中两位长辈的名字,不是缩写。

好好照顾你自己。

你是我至亲至爱的卡森,我为卿狂啊。

利

替我转达对伊丽莎白·艾姆斯的爱。

*

利夫斯致卡森
周四晚
1945 年 8 月 9 日

亲爱的人,

你的信今天上午到了——这是一周来我第一次得到你的消息,除了电话以外。

你要是对那本书太烦了,也就是说,在快要写完的过程中急了,那就想想,还有人对自己做了好多年的事情也是烦得够呛。我就是对军队和跟军队有关的一切都厌烦透了,烦得我都要吐了。就像身上开始长癌一样。

但愿我能在你身边给你帮忙——我觉得那要顺利得多。我们在一起总能克服像厌烦之类的任何困难。但是夏季在南方我们想在一起愉快生活,那代价就太高了。

周一起至今,我看了两套"公寓"和一个带家具的房间。都惨不忍睹,让人丧气,住不了一个星期就会让我们苦不堪言——

还得考虑这里的气候,还有主管将军强加给这里军官们的那种盖世太保①式的条条框框。不值得,卡森。

从你信后附的那几句话里看,我觉得你好像是勉强同意了今年冬天在那边过——要么在雅都,要么在奈亚克。我相信这是最好的安排——我把这件事各方面的情况都反复想过多次。我们共同经过那么多事情以后,我现在不想让你我再冒任何风险。你在这里会遭遇各种含义的匮乏,我不允许你处于这种环境之中。

所以,跟我说说你对我这个建议有什么想法吧。就待在那儿别动,等春天来了再说,不过要是有紧急情况出现,你或者我觉得没办法了,你可以马上到我这儿来。我很有把握,圣诞节可以和你在一起。你觉得怎么样,告诉我,最亲爱的。

昨天总部一位少校跟我说,他拿一瓶威士忌打赌,大部分伤残士兵和所有因伤永久残疾的官兵元旦前都会退伍。我只能说一句"扯__,少校②",不过我极其希望他说得对。

因为原子弹和苏联声明③的缘故,这里的时间感觉发生了一点变化。昨天下午大喇叭广播新闻的时候,人们都快要把营房掀翻了。过去的二十四小时里他们开始有了一种感觉,好像还来不及给派到菲律宾去战争就结束了。这根本不可能!这里平时的氛围中就弥漫着一种忧郁和深入骨髓的恐惧,应征入伍的新兵里是这样,本宁堡来的那些兴致勃勃的新尉官里也是这样,按计划他们都是不久

---

① 纳粹德国秘密警察。
② 原文如此。
③ 1945年8月6日,美国在日本广岛投下原子弹,8月9日在日本长崎又投下一枚,8月8日,苏联宣布加入波茨坦公告,8月9日苏联出兵中国东北。

就要派到那儿去的。其实他们谁也不想去。到这种远在天边的地方去服役的确够倒霉的，可是跟带着这种情绪的人一起工作也不是什么愉快的事。我不是指责他们不该带着那种情绪。不过要是我处在他们那种位置，我会以更为通透的心态接受我的命运。

我在这儿的工作里没什么有意思的事可写。一群活体穿着平民的衣服进来。我们给他们穿上军装，分发装备和步枪，在十七周的时间里想办法把他们变成步兵战士。指令都是死记硬背的——基本的单兵和步兵班训练。枯燥得要命。

今天过得还不错。现在下午快过去了，我一直坐在自己屋里看着窗外，品一杯苏格兰威士忌。营房在一大片山核桃树林里。路对面沿着路边有些紫薇花。两个黑人士兵吹着口哨走在路上，不知去哪儿。

别为我担心，亲爱的。我很快就会好的。等习惯了这里蝇营狗苟的生活常规以后，我就能把有限的空余时间用起来了。有好多书要看，有好多东西要学。我们俩都会感到时间过得很快的。短短的几个月过去，我们就又在一起了。到那时，我知道起码五年之内我不会让你离开我的视线。

不知你准备住在奈亚克还是雅都。哪个地方对你最合适你是知道的，我的想法是让你住在你感觉更便于工作的地方——也就是说，如果你脑子里有什么工作安排的话。要我说，如果你愿意，你倒是该放个假了。

我在这儿的生活很安静。这地方喝得太多肯定干不好工作，所以我很少喝酒。花费也很少——每月三十块钱伙食费，洗衣服、打扫卫生、偶尔吃吃喝喝一共大概三四十块。过日子薪水足够了。

Illumination and Night Glare

收到支票以后需要用多少你就用,给贝贝的钱付过以后剩下的就存到银行里去。困难时期就要到了,我们必须存点钱。我估计你8月份有好几笔支出,如果还需要钱,一定告诉我,我给你汇去。

保重,我亲爱的姑娘,我也会保重。

你现在很忙,所以别觉得好像非要写很多信不可——不过还是要**写几封**的噢。

你永远在我心里。

你的,
利夫斯

过一个星期左右,我会把答应给你的士兵工作服寄去。我能找到的型号里,这个尺码和你最接近。

利

× × × × × × × × × ×

*

利夫斯致卡森
1945 年 8 月 13 日
周一晚

我亲爱的,

嗨嗨嗨!嘀嘀嘀!可有点好消息了。这块肉从我到这儿来就开始放在炉子上烤了，可我没敢跟你提起，因为我不想让我们先寄予希望然后再把希望打破。

好，是这么回事：我中签了。周三或者周四我就要离开此地去马里兰州的里奇军营。那里是非常高端现代的军事情报训练中心。战略情报，战术情报，作战情报。三年前我争取机会到那儿去培训的时候，就觉得这对我特别重要而且很有意思。不过那里现在也同样有意思：里奇到纽约四个小时——到华盛顿两个小时。我要在那儿待六周，学一门课，8月25日开始。给我的命令上说，课程结束后，我会回到"适合"我的驻地去，也就是惠勒军营。不过到那个时候也许我就能走走门路了。因伤永久性残疾军人隔离政策可能10月15日前开始生效，那时应该已经有结果了。不管怎样，我可以离开酷热，离开南方了。我一接到命令首先想到的两件事就是：我离你近了，我可以摆脱南方了。

这件事不会给我将来的工作带来太大改变，因为战争已经差不多结束了——不会派我到海外去的，除非我自己提出来要去——我没提。原来我对这一点是非常着迷的。约瑟夫可能在那儿上过学。

1942年我在里奇参加过一次短期培训，那是个非常舒适的驻地——不知这个形容词能不能用来描写部队驻地。那地方地势比较高，靠近宾夕法尼亚州的波科诺山，周围有清凉的湖水环绕。那里不像一般的军营那样拥挤不堪，你要是想9月份来住上一两个星期，我完全同意。我一到那儿就去了解一下情况，然后告诉你。噢！亲爱的卡森，这事可是让我太高兴了。

我们这个月就能见面了，我居然放任自己五六个月陷于枯燥寂寞而没有跟你在一起。你不会明白我有多么想看着你,紧紧地拥抱你。我驾车沿街而去,和你挥手告别,好像是一百年前的事了。

如果你计划在雅都度过冬天——或者冬天在那儿待一段时间——我建议你不要取消这个计划,因为,我亲爱的,我根本就说不清我会在哪儿,甚至我还在不在军队工作。军队秉性无常,就像命运一样。

我到了马里兰搞清情况以后,马上给你打电话。

你能像我一半那么高兴我就满足了。

你的,
利夫斯

*

利夫斯致卡森
1945 年 11 月 21 日
周三晚

卡森,亲爱的——

不知我的爱人今晚如何。那天晚上能和你说说话真是太好了,知道你能坐着烤火了,我很高兴。

我说的话在电话里听起来一定有点傻吧,其实是因为,我得在注册办公室接电话,周围还站着好多人呢。

你无法想象,知道你身体大有好转(你提到威廉说了是 85%)

我是多么宽慰。你一定不要做太多的事，要耐心等待完全康复，我到家的时候，我要你胖胖的，又健康又活泼。我们要好好庆祝一番，对吧？

我的材料还没有返回，所以我先不安排下周的事情。我到那儿最早也要12月6—7日了。副官也说，即便是在军队里，这样毫无道理的延误也有点荒唐，他周五会再找个人到华盛顿去问问。我的感觉是，他们派了个家伙划着独木舟回法国，去看看是不是把什么档案材料丢在那块大陆上了。

我们别无他法，只好耐心等待，我亲爱的。我们很快就会在一起了。不过这几个月的分离好像比我在海外的时候还要长呢。

我的日常生活还是那样，身体好极了。那天看了一本东拉西扯的小书，挺怪的——西里尔·康纳利①的《不平静的坟墓》②，还有一本是菲利普·怀利③写的，里面全是脓汁、咬伤和毒液：《一代蛇蝎》④。现在正专心重读弗吉尼亚·伍尔夫的几本书。

这些天这里的乡村景色十分优美。独自出去走走，看看风景，感觉非常好。今天一直是阴雨绵绵，我想起了你，真希望我们能一起坐在炉火前，一边聊天，一边喝酒。

快到傍晚的时候，我心情忧郁，走过河去买威士忌，不过我

---

① 西里尔·弗农·康纳利（Cyril Vernon Connolly，1903—1974），美国文学批评家，作家，编辑。
② 《不平静的坟墓》(*The Unquiet Grave*)，作者化名帕利努鲁斯（Palinurus，一种龙虾）写的一本杂文集，科文出版社（Curwen Press）1944年出版。
③ 菲利普·戈登·怀利（Philip Gordon Wylie，1902—1971），美国作家。
④ 《一代蛇蝎》(*Generation of Vipers*)，法拉与莱茵哈特（Farrar & Rinehart）出版社1942年出版。

不会多喝的。这儿的人全都各自找地方度周末去了,营房里只剩下了我一个人。

雨停了,起风了。愤怒的乌云来回翻滚着朝西南方向涌去。明天应该是寒冷的晴天。

这里夹着一张周日《时报》的剪报,不知你是否注意到了上面的消息。请别以为我着了魔或者发了疯似的要回到德国去,可我内心里确实有这个愿望,想到欧洲去待两年。当然了,如果在美国我能得到在工厂管理方面所需要的东西,那对我来说留下来就是最好的选择。可是在目前情况下这个愿望很难实现。剪报里提到的这件事为我去欧洲提供了最可行的途径。你自己到欧洲去是件很容易做到的事,这很有可能——但是我特别想要我们俩在一起。我需要你。我也但愿能满足你的需要。我觉得我们面前充满了希望,我们都处于生命中发育最为成熟的时期。尽管如此,我从来都不希望我们真的变老。我们要看、要体验、要去做的事情还多着呢。而不管我做什么、体验什么,如果不能与你共享,那就全都毫无意义。

善待自己,遇事不要烦躁。要听长者的话。

快了,我的天使。

给你我全部的爱,
利
× × × × × × × × × × × × ×

附录一 《哑巴》提纲
（《心是孤独的猎手》）

概　说

本书的广义中心主题在前十几页中即可显现。[①] 这个主题就是，人对自己内心孤独感的反抗，以及对尽可能充分地表达自我的渴望。围绕着这个总体思路有若干对立的主题，其中几个可以简述如下：（1）人内心深处有一种需求，要通过创造某种能够自圆其说的原则或者上帝来表达自我。一个人自己心目中创造出来的上帝是他自己的映像，在本质上，这个上帝往往还不如创造他的那个人。（2）在一个无序的社会里，这一个个的上帝或者原则一般都荒诞不经。（3）每个人都必须用自己的方式表达自我——而一个趣味高雅却短视的社会对此经常是排斥的。（4）人类天然具有合作精神，但是一种非自然形成的社会传统却让他们的行为与自己内心深处的天性相悖。（5）有些人天生就是英雄，他们愿意付出一切，不计辛劳，却不求个人回报。

不言而喻，这些主题在书里决不是以直白的方式说出来的。

[①] 首次发表于奥利弗·埃文斯著《卡森·麦卡勒斯之歌》，后收入玛格丽特·加·史密斯编《抵押出去的心》。这个提纲里的设想后来在《心是孤独的猎手》成书过程中有了不少改变。

透过人物和情景可以体会到这些含义。在很大程度上，这取决于读者的领悟能力，以及读者在读这本书的时候是否用心。有些地方，隐含的意思深藏于场景的表层之下，有的时候，这些意思会以稍加强调的方式表现出来。在最后几页里，贯穿全书反复出现的各种主题陡然集中，结尾具有凝聚全局的终极意义。

这部作品的主要内容概括起来十分简单。故事讲了五个孤单且孤独的人，他们都渴望向比自己伟大的力量表达自我，并与之在精神上融为一体。五人中有一个聋哑人，约翰·辛格——整本书就是围着他转。由于孤独，其余四个人在这个聋哑人身上看到了某种神秘的超凡气质，他可以说是成了他们的理想化身。辛格其人因生理缺陷所致，表现出来的个性模糊不清，似乎无所不能。他的朋友们因此可以把他们希望他具备的所有素质都安在他头上。四个人中的每一个都根据自己的愿望形成自己对这个聋哑人的理解。辛格会读唇语，能理解他们对他说的话。在他永恒的沉默中存在着某种力量。四个人全都把自己最隐秘的情感和想法存放在聋哑人这里。

与四个人和聋哑人之间这种状态几乎完全平行的是辛格和他的聋哑朋友安东纳波勒斯之间的关系。只有辛格一个人认为安东纳波勒斯有尊严，也有几分智慧。辛格对安东纳波勒斯的爱像一条线贯穿全书，从第一页直到结尾。辛格的全部身心都为这种爱所撼动，他们分开以后，他的生活就毫无意义，只是在原地踏步，直到他又能和他的朋友在一起为止。可是自诩为辛格朋友的四个人对安东纳波勒斯却一无所知，小说快结束的时候他们才发觉此事。这种局面形成的讽刺意味随着故事发展逐渐增强，越来越清晰可见。

安东纳波勒斯终于因布莱特的病而死去之后，孤独和绝望压倒了辛格，他打开煤气自杀了。直到这时那四个人才开始明白真正的辛格究竟是个什么样的人。

围绕着这条主线，故事中有很多传奇的特点和色彩。与辛格直接相关的部分全都是用简单的寓言风格写成的。

在理解为什么会出现这种状况之前，有必要多了解一下这几位主要人物。但是，只有先讲述他们身上发生的事，才有可能对他们做比较充分的描写。书中所有的事件几乎都是突然间直接发生在这些人身上的。在小说的空间里，每个人都通过其最擅长并且是最典型的行动得到展示。

当然了，不言而喻的是，这些个人特点都不是以这里这种直白的讲课方式表现出来的。小说用一个接一个的场景暗示了这些个性特征——只有到了最后，把这些暗示汇集在一起来看，才能从这些人物内心深处的方方面面理解他们真正的个性。

约翰·辛格

在这本书所有的人物中，辛格是最简单的一个。因为又聋又哑，他被隔绝于其他人正常的人类情感之外，到了精神错乱的地步。他很善于观察，全凭直觉做出判断。表面上看，他和蔼可亲，乐于合作，堪称典范——实际上周围发生的一切都无法撼动他内心的自我。他心中所有的感情都附着于他的朋友安东纳波勒斯，只有在这个人面前，他才能表达自我。在第二章里，比夫·布兰农觉得辛格的眼睛"像猫的眼睛一样冷静温顺"。正是这种距离感赋予了他一种智慧和超群的气势。

辛格是个符号,象征着孤独,象征着表达受挫,同时整个故事也是围着他转,只有在这个意义上,才能把他视为书中的一号人物。实际上围在他身边的这些人里哪一个都比他重要。小说的篇幅和力度全都用来讲述哑巴身边四个人的故事。

与辛格有关的部分绝对不用主观内省的方式来处理。其风格是间接隐晦的。之所以如此,有一个原因是这个哑巴虽然受过教育,他却不是用语言而是用视觉印象来考虑问题的。对一个聋人来说,这无疑是很自然的事。对他的理解是通过其他人的眼睛来实现的,除此以外大部分风格应属简单陈述。小说无意进入他隐秘的潜意识。这是一个扁平的人物,因为从第二章起直到其余部分里,他本质上的自我没有改变。

他死后,在他衣袋里发现了一张奇怪的字条,是安东纳波勒斯的表哥写的:

亲爱的辛格先生,

信里都没有地址。都给我退了回来。斯皮罗斯·安东纳波勒斯上月去世,他的双肾和他葬在一起。抱歉重复写信,但给亡者写信显然无用。

您诚挚的,
查尔斯·帕克

从此人内心深处的本性来看(他的内在性格和古怪状态),安东纳波勒斯死后他自杀是个必然结果。

米克·凯利

米克或许是书中最为突出的人物。由于年龄和气质的缘故，她和哑巴的关系比其他人都要深。作品第二部分开头，她冒冒失失地出场了——从这里开始直到最后一节，她控制的空间和阅读兴趣都是最多的。她的故事讲的是，一个有天分的孩子经过激烈搏斗，从一个固执己见的环境手里夺取她所需要的东西。米克出场的时候十三岁，本书结束的时候她长大了十四个月。这段时间里她身上发生了许多重大的事情。起初她是个混沌未开的小孩，刚刚踏入一个快速觉醒成长的阶段。她精力无限，面临的各种可能性也无限。面对着眼前所有的障碍，她开始勇往直前，几个月的时间里，她迅速成长。最终，她家里的经济状况完全崩溃，她不得不在一家小杂货店里找了个工作，每天上班十个小时。她的悲剧绝非她自己造成——是一个没有原则而且具破坏性的社会夺走了她的自由和活力。

对米克来说，音乐是美和自由的象征。她毫无音乐背景，自学的可能性也非常渺茫。她家里没有收音机，夏天她用童车拉着两个小弟弟在城里的街上到处逛，听见哪家有音乐声传出来，她就去听。她是在公共图书馆开始看书的，从书里她学到了一些她需要知道的东西。秋天她进了职业高中以后，跟着班里的一个女孩一起去听钢琴初级课程。作为回报，她替那个女孩做所有的代数和算术作业，每个星期还从自己的午饭钱里拿出一毛五给那个女孩。下午米克有的时候可以在体育馆里练琴——可那地方总是吵吵嚷嚷的，人很多，不知什么时候就会有一只篮球突然砸在头上打断她的练习。

她对音乐的热爱是出于本能，她的喜好在这个阶段自然也决不纯粹。开始是莫扎特。然后她知道了贝多芬。自那以后，每次一有机会听到别人家里收音机中播出的音乐，她就如饥似渴地从一个作曲家转向另一个作曲家——巴赫、勃拉姆斯、瓦格纳、西贝柳斯，等等。她的知识信息经常是极为混乱的，但是感觉始终在位。米克对音乐的爱好具有高度的创造性。她经常自己作些短曲自得其乐，还计划着要创作大型交响乐和歌剧。她这些计划在某些方面总是十分明确的。她所有的音乐作品都要自己来指挥，舞台大幕上要一直用巨大的红色字母显示着她姓名的缩写。她指挥自己作品的时候，要么穿红色缎子晚礼服裙，要么就是一身真正的男式晚礼服。米克的心态是彻底的自我中心——她天性中淳朴的孩子气和成熟的一面并行不悖。

米克心中必须始终有个人让她去爱、去崇拜。她的童年就是由一系列非理性的热情崇拜构成的，崇拜的对象五花八门，什么人都有，一个接着一个。现在她把这种没有方向的爱集中在了辛格身上。她过生日那天，辛格给了她一本关于贝多芬的书，辛格的房间永远安静而又舒适。在她的想象中，哑巴正是她需要的那种导师和朋友。只有哑巴一个人似乎表现出对她感兴趣。她信任哑巴——故事中后来她面临着一个重大危机的时候，她想求助的也正是辛格。

这个危机虽然表面上是发生在米克身上的重大事件，但实际上从属于米克对辛格的感情和她与敌对社会力量的搏斗。她秋天进入职业高中的时候，没有选速记课，而是选了和男孩子们一起上的"机械操作"课。在这门课上她认识了十五岁的男孩哈利·韦斯特，两个人逐渐成了志同道合的好朋友。他们相互吸引，因为都有强烈的个性，而且都对机械感兴趣。像米克一样，哈利也是精力旺盛却没有方向，为此而躁动不安。春天的时候，他们一起在凯利家的后院里工作，想造一架滑翔机，虽然因为材料不够那个东西怎么也飞不起来，他们还是在一起干得很努力。整个这段时间里他们的友谊是直率天真的。

春末，米克和哈利开始在周六一起外出到野外游玩。哈利有辆自行车，他们从城里骑车十英里到树林中的一条小河边去。两人之间开始产生了他们谁都不太懂的感情。结果来得非常突然。一个星期六下午，他们兴高采烈出发郊游，满怀不谙世事的生命活力——回城前，在未经任何仔细思考的情况下，他们之间有了冲动的体验。本书的这个侧面绝对需要以极为含蓄的方式处理。发生的事情通过米克和哈利之间简短迟疑的对话表现，大量信息是暗示出来的，说出来的话极少。

虽然这次草率的经历显然对两个人都产生了深刻影响，但由此导致的后果似乎对哈利更为严峻，而不是对米克。他们采取的行动比预想的要成熟。尽管有了这样的经历，他们还是决定不考虑结婚，以后也不再做这样的事。两人都为一种罪恶感所震撼。他们决定彼此永远不再见面——那天晚上，哈利从厨房架子上拿了一罐汤，打碎了储钱罐，从城里搭便车去了亚特兰大，打算在那儿找份工作。

米克和哈利之间的这些事必须以节制的方式讲述,这一点非常重要。

米克因为发生了这件事有段时间感到非常抑郁。她比以往更加热衷于从音乐中寻求安慰。她原来一直像个孩子一样把这种事看得很淡漠,很遥远。现在她自己的这番经历却似乎成了一种很独特的个人隐秘,感觉十分古怪。她拼命想忘掉这件事,可这个秘密却压在她心头沉甸甸的。她觉得要是能和哪个人说说,心里就会轻松一些。可是她和姐妹们还有妈妈的关系都没有亲近到可以信任的程度,同龄人中也没有比较特殊的朋友。她想告诉辛格先生,于是就想象着怎样去达成这个目的。直到哑巴自杀,她始终都觉得找机会向辛格先生吐露这个秘密是有可能的,并且为此心安。

辛格死后,米克感到十分孤独无助。她更加勤奋地学习音乐。但是她家窘迫的经济状况几个月来持续恶化,现在已经到了不可收拾的地步。两个最年长的孩子勉强维持自己的生活,没有能力帮助父母。这样一来,米克就必须找个工作,不管是干什么。米克对此强烈抗拒,因为她想回到高中去起码再读一年,还想找机会再学学音乐。可是没有办法,夏天开始的时候她找到了一个工作,每天从早上八点半到下午六点半在一家小杂货店当店员。工作非常累人,可经理想找人加班的时候,又总是抓着米克不放——因为在店里这些女孩子当中,她能站的时间最长,也最耐得住疲劳。

米克·凯利最基本的个性特征是巨大的创造性能量和勇气。在所有重要的事情上她都是还没来得及开始就被社会击败了,尽管如此,在她和像她一样的人身上,仍然存在着某种无法摧毁也永远不会被摧毁的东西。

杰克·布朗特

杰克与社会环境的斗争是直接而有意识的。他身上革命的精神非常强烈。他最深层的动机是尽其所能改变当今有悖常理弱肉强食的社会环境。他的悲剧是,他的能量找不到宣泄的渠道。他困在抽象概念和相互冲突的思想观念中不能自拔——在实际应用中,他能做到的只是冲上前去和风车搏斗。他认为目前的社会传统很快就会完全垮塌,但是他对未来文明的梦想在充满希望和充满怀疑之间来回反复。

他对同伴们的态度始终在恨和最无私的爱之间摇摆不定。他对某主义原则的态度和他对人的态度差不多。他内心深处是个真诚的某主义者,但是他感觉在具体的应用中,到目前为止所有的某主义社会都堕落成为官僚体制了。他不愿妥协,他的态度是要么不干,要干就要彻底。有的时候他的内在动机和外在动机非常矛盾,说他头脑混乱不算夸张。他放在自己身上的重担对他来说过于沉重了。

杰克是他那个独特环境的产物。书中的时间里他二十九岁。他出生在南卡罗来纳州一个纺织工业小城,和书里故事发生的地点非常像。他的童年在极为贫困和屈辱的环境中度过。九岁时(上一次世界大战期间)他就在一家棉纺厂每天工作十四小时。他所接受的教育都是不得不利用一切可能的机会获得的。十二岁的时候,他靠着自己学到的一点东西主动离开了家,从此开始流浪。为了生活和工作,他陆陆续续几乎走遍了整个国家。

杰克内心的躁动清晰地反映在他的外在特征中。他的体形让人想到一个矮小的巨人。他容易激动,动不动就发火。终其一生,他都很难让自己喜怒不形于色。为了解决这个问题,他蓄了一把大胡子,不料却更加突出了这个弱点,让他看上去有几分戏谑。由于他那些古怪念头的缘故,他和邻居们很难相处,人们都躲着他。结果他要么只好自我解嘲,要么以夸张的方式维护着错位的尊严。

杰克不能行动就只好说话。哑巴就是个绝好的对话储藏室。辛格吸引杰克是因为他看起来稳定而平静。杰克在镇子里是个陌生人,孤独的境遇让他选中了哑巴。对辛格说话,和辛格共度傍晚,成了他的一个习惯,可以让他镇静下来。结尾处哑巴死了以后,他的感觉是心中仿佛失去了某种平衡。他还隐隐约约地觉得自己受骗了,他告诉哑巴的那些思考结果和远景展望全都永远失去了。

杰克对酒精的依赖十分严重——他可以喝大量的酒却看不出来有什么不适。偶尔他也想戒掉这个习惯,可他管不住自己,在这件事情上如此,在更为重要的事情上也是如此。

杰克住在这个小镇上的日子以惨败告终。几个月来,他一如既往想尽他所能来纠正社会不公。黑人和经常光顾演唱会的白人劳工一向不睦,在小说后半部分,个人因琐事引起的几次争吵加剧了他们之间的怨恨。一天又一天,一件事引发另一件事,然后到了星期六深夜,混战爆发。(这是辛格死后那个星期里发生的事。）所有的白人劳工和黑人打成一团。有一会儿工夫杰克想维持秩序，随后他也失去了控制，勃然大怒。这场群架打到后来就是毫无章法，每个人都各自为战。混战终于让警察制止了，有几个人被捕。杰克逃跑了，不过这次打架对他来说好像成了他自己生活的一个象征。辛格死了，他来到这个城里的时候是什么样，离开的时候还是什么样，都不过是——一个陌生人。

本尼迪克特·麦迪·科普兰医生

科普兰医生身上表现出南方受过教育的黑人痛苦的精神世界。像杰克·布朗特一样，科普兰医生多年以来努力为改变某些现状做出自己的贡献，为此个性也有一些反常。本书故事开始的时候他五十一岁，可已经是个老人了。

他在本城为黑人看病二十五年了。然而他总是觉得，和他为教育黑人所做出的努力相比，他做这份医生的工作只是第二位的。他的思想都是深思熟虑形成的，他笃信不移。曾经有很长一段时间，他的关注主要集中在计划生育上，因为他认为黑人之所以弱，在很大程度上是由于男女关系混乱随意，生育率也太高。他强烈反对种族混血——但这种反对主要还是出于他个人的自尊和愤怒。他所有那些观点中的重大缺陷是，他不认可黑人的民族文化。用理论语言来说就是，他反对黑人生活方式与白人生活方式嫁接。他的理想是一个黑人禁欲主义种族。

与科普兰医生创造这个种族的雄心壮志并行不悖的是他对家人的爱。但是由于他的顽固不化，他和四个孩子的关系极为失败。

他自己性格急躁也是一个原因。科普兰医生终生与自己的民族天性格格不入。他狂热的禁欲主义和他的工作压力对他造成了影响。在家里，他感觉到孩子们从他的影响下逃离的时候，忍不住一次次大发脾气。缺乏自控能力最终导致他和妻儿分离。

科普兰医生年轻的时候得过一次肺结核，这是黑人特别容易得的一种病。他的病得到了控制——可现在他五十一岁的时候，左肺又感染了。如果有一家条件好的疗养院，他会进疗养院去治疗——可谁都知道，州里没有一家像样的医院是给黑人开的。他不去考虑病的事了，继续做他自己的工作——尽管他的工作现在已经不像过去那么庞杂了。

在科普兰医生眼里，哑巴似乎是某个类型的白人自控能力和禁欲主义的化身。科普兰医生终生都为白种人的轻蔑侮辱所苦。辛格的礼貌和体贴让科普兰医生有了一种卑微的感恩之情。他一直很注意在哑巴面前保持他的"尊严"——但是辛格的友谊对他来说十分重要。

哑巴的脸型有点闪族人的特点，科普兰医生认为他是犹太人。犹太人是个饱受种族迫害的少数民族，科普兰医生对他们一直很感兴趣。他心目中的英雄里有两个就是犹太人——本尼迪克特·斯宾诺莎和卡尔·马克思。

科普兰医生非常痛苦而充分地认识到，自己终生从事的工作完全失败。尽管城里大部分黑人尊敬他到了敬畏的程度，他讲的那些东西还是和黑人的天性相去甚远，产生不了明显的效果。

小说开始的时候，科普兰医生的经济状况很不稳定。他的房子和大部分医疗设备都是抵押贷款买的。有十五年的时间，他是市立医院的雇员，有一份不多但很稳定的收入——但是他那些和社会问题有关的个人思想导致他被解雇了。解雇他的理由是他为养不起孩子的人做人工流产手术，而他的确做了这样的事。失去这份工作以后，科普兰医生就没有可靠的收入了。他的病人大部分都根本付不起诊疗费。他的病也是个问题，病情逐渐恶化。终于，房子给收走了，为别人服务了一辈子，结果他落了个一无所有。最后是他妻子的亲戚们把他接去，让他在他们的乡村农场里度过短暂的余生。

比夫·布兰农

在哑巴身边围绕的四个人里，比夫是最不涉及利害关系的一个。他永远是个观察者，这是他的典型特征。比夫的气质中有很多严峻古典的成分。他几乎总是在冷静地思索，这和米克、杰克、科普兰医生那种精力旺盛的热情形成了对照。本书第二章以他开场，最后几页中他的沉思让作品在观察与思考中结束。

比夫那些有趣的侧面会在所有与他有关的部分里表现出来。从写作技巧上说，他是个十分丰满的人物，对他会从各个角度予以全面描写。故事开始的时候他四十四岁，站在餐馆收银机后面，以他自己特有的方式观察着一切，他就这样度过了最好的年华。他酷爱细节。很能体现这人特点的一件事是，他住处后面有个小房间，里面收藏着十八年来每天出版的晚报，非常完整，一天也不缺，全都编好了号整整齐齐地放着。他的问题是要从他脑子里那些纷乱的细节中把形成某种局势的主要线索找出来，于是他就以自己那种一丝不苟的耐心来做这件事。

比夫自己在夫妻生活方面的特殊状况对他的影响非常大。四十四岁的年纪却不举——之所以如此,既有身体上的原因也有精神上的原因。他和艾丽斯结婚二十三年了。从一开始这场婚姻就是个错误,一直就这样延续下来,主要还是因为经济需要和习惯。

或许是想补偿他自己的困境,比夫得出了一个奇特的结论,即夫妻生活不是生理冲动的基本功能。他相信人类从根本上说就是双性取向的——为了证实这一点,他转而关注儿童期和老年期的人。

有两个人对比夫产生了巨大的情感吸引力。这就是米克·凯利和一个叫阿尔弗雷德·西姆斯的老人。米克从很小的时候起就常到餐馆来,和弟弟一起要糖吃,或者玩老虎机。她对比夫一直很友好,不过当然并没有察觉他对自己的感情。实际上比夫自己对这一点也不是很确定。西姆斯先生是个身体虚弱令人怜悯的老头,脑子都糊涂了。他还是个中年人的时候曾经很有钱,现在却是身无分文,独自生活。老人竭力把自己装成个大忙人。每天他穿着干净的破衣服出门走在街上,夹着一个女式的旧皮夹子。他在各家银行里出出进进,说是要"清理账户"。西姆斯先生曾经很喜欢到比夫的餐馆来坐一会儿。他总是静静地坐在桌旁,从不打扰别人。因为他衣着怪异,胸前又抱着个大皮夹子,看上去很像个老妇人。那个时候比夫还没有对西姆斯先生产生特别的兴趣。有时他会很好心地给他倒上一杯啤酒,但是并没有去多想他。

一天晚上(本书故事开始前几个星期)餐馆里人很多,西姆斯先生正坐着的那张桌子也有人要用了。艾丽斯要比夫把老人赶出去,而且态度很坚决。比夫习惯了把各种各样的人赶走,所以他想也没想就走到老人跟前,问他是不是把这张桌子当成了公园的长凳。西姆斯先生开始没弄明白怎么回事,仰起脸很愉快地对着比夫微笑。于是比夫慌了,把话又说了一遍,这回口气强硬了,连他自己都没料到。老人的眼睛里出现了泪光。他竭力在周围的人群面前保持尊严,在皮夹子里摸索了一会儿却什么也没拿出来,然后就离开了,整个人像是被压垮了一样。

这件小事在这里讲得稍微详细一些,是因为此事对比夫产生了影响。本书第二部分里有一章对事情的来龙去脉叙述得比较清楚。小说自始至终,比夫的思绪总是不断地转回到这个老人身上。对他来说,他对老人的所作所为成了他自己所有恶行的代表。同时老人也是生命衰落阶段的象征,而比夫现在就逐渐接近了这个阶段。

米克在比夫心中勾起的是对青春和英雄主义的怀旧情感。她现在这个年龄既有女孩的特点也有男孩的特点。另外,比夫一直想有个娇小的女儿,当然她也让他想起了自己的这个愿望。本书结尾时,米克开始成熟,比夫对她的感情也就逐渐消失了。

比夫对妻子完全冷淡。艾丽斯在书中第二部分死去的时候,比夫一点儿怜惜或者歉疚的感觉都没有。他唯一的懊悔是他从来就没有搞清楚艾丽斯究竟是个什么样的人。他和一个女人生活了这么长时间,对她的了解居然还是这么模糊不清,这一点很伤他的自尊心。她死了以后,比夫从电扇下面拿出绉纸带,在袖子上缝上了居丧的标志。这些姿态与其说是为了艾丽斯,不如说是他自己感觉到了接近衰落和死亡的一个反映。妻子去世后，某种女性要素更为明显地体现在比夫身上。他开始用柠檬水冲洗头发，还有点夸张地养护皮肤。在打理生意方面，比夫一直就远不如艾丽斯，她去世后，餐馆的生意开始萧条。

虽然比夫的天性中有些怪癖，但他或许是书中心理最为平衡的人了。他有这个能力，可以冷静客观地看待周围发生的事——而不会出于本能把这些事联系到自己身上。所有的事情他都是看见了，听到了，记住了。他对事情的好奇心到了好笑的程度。尽管他脑子里的细节浩如烟海，他却几乎总能以他的耐心摸索出某种局势的基本框架，进而从整体来看待事物。

比夫太精明太谨慎，不会为辛格所吸引，对他产生神秘的崇拜。他喜欢哑巴，当然对他也很好奇。辛格在他的思绪中占据了很大一块地方，他很看重辛格的缄默和通情达理。四个主要人物中，只有他看得明白，知道实际上是怎么回事。全书末尾，他爬梳剔抉，总结出了最为重要的观点。在他最后的思考中，比夫自己想到了"寓言"这个词来把发生的事情联系在一起——当然，本书使用这个说明小说性质的词只有这一次。他的思考让小说以一种客观而带终极性的圆满方式结束。

次要人物

故事中有几个次要人物起着很重要的作用。这几个人都不用主观内省的方式处理。从长篇小说的视角来看，这些人自己身上发生的事对主要人物的影响，要比因为他们改变了人物之间关系所造成的影响更为重要。

斯皮罗斯·安东纳波勒斯。第一章对安东纳波勒斯做了全面而详细的描写。他的心智发育、性状发育和精神发展都相当于一个七岁左右的小孩。

波西娅·科普兰·琼斯，海伯伊·琼斯，威利·科普兰。小说中有很大一块是以这三个人物为中心展开的故事。这三人中波西娅最为强势。在实际空间里，她占的篇幅几乎和一个主要人物差不多，除了米克——但她总是处于一个从属的地位。波西娅是母性本能的化身。她丈夫海伯伊、她弟弟威利和她是一个不可分割的整体。这三个人和科普兰医生及其他中心人物正相反，他们不做任何努力去对抗环境。

这几个人遭遇的悲剧在书中各个阶段都起着重要作用。第二节开始，威利被捕，罪名是盗窃。午夜过后，他在一条背街小巷里走着，两个白人男孩跟他说他们正在找人，他们给了他一块钱，叫他看见他们找的那个人从巷子里过来了就吹口哨。直到看见两个警察朝他走过来，威利才明白了是怎么回事。就在这段时间里，那两个男孩破门而入偷了一家杂货店。秋末，威利和他们一起被判了一年苦役。这件事是波西娅讲出来的，她把这个大麻烦告诉了凯利家的孩子们："威利忙着看那张一块钱的钞票呢，他根本来不及想。然后他们就问他，为什么看见警察就跑。他们还不如问问，为什么不小心把手放在火炉上要马上把手拿开呢。"

这是他们遇到的第一个麻烦。因为家务事乱了套，海伯伊就开始和另一个女孩混在一起了。这也是波西娅跟凯利家的孩子们和科普兰医生讲的:"如果是个浅色皮肤的漂亮姑娘,我还好理解一点儿。可她起码比我还黑几分呢。这是我见过的最难看的女孩。走起路来就好像两条腿中间夹着个鸡蛋又怕把鸡蛋打碎了。她连干净都说不上。"

这本书里最野蛮的悲剧就发生在他们身上。在他们戴着锁链做苦役的地方,威利和另外四个黑人犯了点小错。那是2月,苦役营地在这个小城北面几百英里远的地方。作为惩罚,他们几个关在一起,在一个单独的囚室里。他们的鞋给拿走了,脚捆起来悬挂着。就这种状态过了整整三天。天气寒冷,血液不能流通,脚都冻得生了坏疽。一个男孩得肺炎死了,其余四个人,要么一只脚要截肢,要么两只脚都截肢。他们都是体力劳动者,这样一来,他们就完全失去了今后的谋生手段。这部分内容当然也是波西娅说出来的。讲述方式是不连贯的几段话,语言直率粗糙,不加修饰。

这件事对主要人物产生了重大影响。科普兰医生被这个消息击垮了,有好几个星期神志不清。米克感受到强烈的恐惧。比夫的餐馆曾经雇用过威利,他仔细思索这件事的方方面面。

杰克想让这件事全部公开,成为一个全国性的典型事件。但这是不可能的事,原因有好几个。威利害怕得要命——因为苦役营那边用了什么办法让他记住了,要对自己遭遇的事保持沉默。州里在出事后马上就小心翼翼地把这几个人分开了,他们彼此都不知道下落。另外,威利他们几个确实还都有几分孩子气——他们不明白要是他们齐心协力会怎么样。承受痛楚让他们神经紧张,在那间囚室中的三天三夜里,他们自己怒气冲冲地吵来吵去,事后谁都不想再见到谁。从长远的观点看,他们彼此之间那种幼稚的怨恨和缺乏合作意识是整个这场悲剧中最可悲的部分。

威利回来以后,海伯伊回到了波西娅身边,威利残疾给这个家庭带来了负担,三个人重新开始以他们自己的方式生活。

这个故事线索贯穿全书。大部分通过波西娅自己那种有板有眼的生动语言在各种不同场合断断续续地说出来。

哈利·韦斯特。米克那一节里已经简单描述了哈利。上半年里他和米克开始交往的时候,正迷恋着学校里一个举止轻浮的小个子女孩。他的眼睛总是给他带来很多麻烦,所以他戴着镜片很厚的眼镜。那个女孩觉得他戴眼镜看起来一副娘娘腔,他就有好几个月的时间不戴眼镜跌跌撞撞地摸着走。这就加重了他的眼疾。他和米克的友谊与他对那个高中女孩的迷恋非常不同。

哈利的是非观成熟得有些夸张,有时这是青少年的一个标志性特征。同时他也喜欢思考。可以推测的是,他和米克的草率经历会在很长一段时间里在他身上留下印记。

莉莉·梅·詹金斯。莉莉·梅是个无拘无束的黑人男同性恋,十分温柔,每次的阳光南方演唱会[①]里都有他,杰克就在演唱会场打工。莉莉·梅总是跳舞。他的头脑和感情都是孩子气的,完全不

[①] 原文是 Sunny Dixie Show,其中的"迪克西(Dixie)"常用来指代美国南方各州及南方人("南方佬"),和指代美国北方各州及北方人的"扬基(Yankee)"("北方佬",后扩大为"美国佬")相对。

适合谋生。由于音乐舞蹈技艺的缘故,他是威利的一个朋友。他老是饿肚子,所以经常围着波西娅的厨房转,想蹭顿饭吃。海伯伊和威利都不在的时候,波西娅可以从莉莉·梅这里得到一些安慰。

莉莉·梅在这本书里的表现,和他的朋友们对他的理解完全一致,就是天真无邪。波西娅对科普兰医生是这样描述莉莉·梅的:"莉莉·梅现在太可怜了。我不知道你注意过这种男孩子没有,他就是喜欢男人不喜欢女孩。他小的时候特别可爱。他老是穿着女孩的衣服,成天笑个不停。大伙儿都觉得他那会儿特别可爱。可现在他长大了,好像不一样了。他老是饿,真可怜。他喜欢到厨房这儿来坐坐,和我说说话。他给我跳舞,我给他吃点儿正经饭。"

凯利家的孩子们——比尔,海泽尔,艾塔,巴贝尔,拉尔弗。这几个孩子中没有一个是小说特别予以聚焦的人物。他们都通过米克的眼睛来表现。三个年龄最大的孩子程度不同地感觉到了困惑,因为他们要在一个并不情愿接纳他们的社会里找到自己的位置。对这几个少年人中每一个的表现都比较尖锐——但都不会做复杂的充分描写。

米克不上学的时候,所有的时间里她都是在照看巴贝尔和小奶娃拉尔弗,这一直就是她在家里的任务。对于像米克这种充满冒险精神喜欢到处跑的孩子来说,这件家务活就像个负担——但是她对家里最小的这几个孩子有一种温暖深切的爱。有一次她随口说到她这一帮弟弟妹妹:"人必须奋斗,才能得到每件东西,不管这东西多么微不足道。我发现过好多次了,家里的孩子排行越小，其实人越好。最小的孩子总是最坚强的。我就很不容易了，因为我上边有好几个呢。就说巴贝尔吧——他看上去让人讨厌，可他实际上很勇敢。要真是这么回事的话，等拉尔弗长大了能到处跑了，他一定是个非常有力量的人。虽说他现在才一岁零一个月，我从他脸上已经能看出有点儿坚强不屈的劲儿了。"

人物相互关系

可以很容易看出来，在精神层面上，科普兰医生、米克·凯利和杰克·布朗特非常像。这三人中的每一个都不顾环境的羁绊，尽自己最大的精神力量奋斗以求进步。他们就像一出生就不得不从石头下长出来的植物一样。他们以巨大的努力付出，并没有想到个人回报。

科普兰医生和杰克·布朗特之间的相似很明显，可以把他们称为精神上的兄弟。两人最大的不同其实就是种族差异和年龄差异。科普兰医生早年的生活是在比较好的条件下度过的，从一开始，他就很清楚自己的责任是什么。总的来说，资本主义年代久远，其管理弊端形成的劣迹分布很广，相比之下，施加于黑人种族的各种不公正表现要明显得多。科普兰医生能够在某个不大的领域内马上着手工作，而杰克所憎恶的环境却很不固定，让他不知从何入手。科普兰医生有一种单纯和庄重，但凡一个人终生都在同一个地方度过，而且把自己最好的东西都奉献给了同一个工作，他就会有这样的气质。杰克那种躁动的紧张不安则说明，这个人的内心和外在生活就像旋风一样从来没有稳定过。

这两个人自觉的责任感通过书中赋予他们的某种刺激得到强化——科普兰医生是每个白天都发烧,杰克是每天都要喝酒。在某些人身上,这些刺激可以形成几乎同样的影响。

书中科普兰医生和杰克直接接触只有一次。这里说的不是无意间的相遇。在第二章里,他们见了面,彼此发生了误解,当时是杰克想叫医生到比夫的餐馆里来和他一起喝酒。此后,他们在凯利家寄宿处的楼梯上遇见一次,然后是在辛格的房间里有两次打了个照面。不过他们仅有的一次直接相互面对却是在戏剧性的环境下发生的,就在科普兰医生家里。

这是威利从监狱医院回到家的那天晚上。科普兰医生胸膜发炎在床上躺着,昏昏沉沉的,觉得自己要死了。瘸了腿的威利躺在厨房里的简易小床上,朋友们和邻居们从后门拥进来想看看威利,听他说说怎么回事。杰克从波西娅那儿听说了整件事的经过,然后辛格要过来在夜间陪着科普兰医生,杰克就要求跟他一起来。

杰克到这儿来是想从威利这里尽量了解更详细的情况。可是天色还不很晚的时候他就给拽到科普兰医生床边来了,结果是他而不是辛格陪了病人一个通宵。在厨房里,威利正在和朋友们交谈,他们快一年没见面了。起初房子后面这一块笼罩在一种悲伤和绝望的沉闷气氛中。威利没精打采地用同一种语调一遍又一遍地讲着他的经历。然后这种气氛开始变了。威利从小床上坐起来,弹起他的竖琴。莉莉·梅跳起了舞。夜色越来越深,整个氛围变成了一种人为释放的狂欢。

这是杰克和科普兰医生交谈的背景。两个人都在卧室里,黑夜中,厨房里的声音透过关着的门传了进来。杰克醉醺醺的,科普兰医生烧得几乎神志不清。可是他们却在交谈，所说的话都出自内在自我的深处。他们都说起了幼年不识字的时候用的那种很有节奏感的土话。两人都清楚地了解了对方内心的愿望。几个小时的时间里，这两个人在经过了一生的孤独之后，终于相互靠拢，人与人之间关系之近，莫过于此。清晨，辛格上班前顺路进来看看，发现他们都沉睡着，杰克四仰八叉地瘫睡在床脚，科普兰医生睡得很香，毫无病态。

其余人物之间的关系不必做如此详细的描述。米克、杰克和比夫经常见面。这几个人中的每一个在城里都占据着某个重要的位置。米克差不多总在街上逛。比夫在餐馆里经常见到除科普兰医生之外所有的主要人物。杰克在演唱会场工作，经常把那个地方当作城里一个完整的社会横截面来观察。后来他开上了出租车，和书里几乎所有重要的不重要的人物都熟悉起来。米克和这几个人中每一个的关系都是儿童式不带感情色彩的。比夫除了对米克的依恋以外，始终都是在做冷静的评判。这几个人之间按不同组合出现一些小的事件和故事发展线索。

从整体来看，书里人物之间的关系可以描述为像一个车轮的辐条一样——辛格代表中心点。这种布局及其蕴含的全部讽刺意义表达出本书最重要的主题。

总体结构和纲要

时　间

第一章是本书的序幕，时间计算从第二章开始。故事跨度为十四个月——从5月到下一年的7月。

全书分为三个部分。故事主体在中间这一块。从篇幅上看，这是最长的一个部分，也包含了几乎整个时间跨度内发生的故事。

第一部分。第一部分的初稿已经完成，所以无需详述。时间是从5月中旬到7月中旬。这个部分里详细介绍了全部主要人物。每个人的突出特点都有清楚的暗示，每人的大致趋向也已经指明。辛格和安东纳波勒斯的故事就在这一部分讲述。每一个主要人物也都和辛格见了面——小说的大网已经撒开。

第二部分。中间这一块一开始就加快了节奏。这一部分会有十几章的篇幅，但是处理手法比第一部分灵活得多。很多章都很短，内容相互关联，比前六章关系紧密。几乎一半的篇幅用于米克，讲述她的成长进步，还有她对辛格逐渐增长的钦慕之情。她的故事，以及从她的视角看去的部分，和讲述其他人物故事的章节交织在一起，或隐或现。

这个部分始于米克的一次夜间游逛。夏天里，她一直都用一种不寻常的方式听音乐会。她发现在一些比较富裕的街区里，有几家人的收音机里经常播放非常好听的节目。特别是有一家每个星期五晚上都收听某个交响音乐会。这个季节当然窗户都是开着的，从外面听音乐可以听得非常清楚。晚上节目快开始的时候，米克溜进院子，在起居室窗下灌木丛后面的阴影里坐下。有时候音乐会结束以后，她会站在窗外看一会儿这家的人，然后再继续闲逛。她从他们的收音机里得到了这么多好处，她都有点爱上了这个家里所有的人。

　　详细介绍第二部分全部内容可以写上几十页。完整的说明其实比这一部分全部写完之后的篇幅还要长——好书蕴含的内容比语言实际上说出来的要多得多。为方便起见，最好的办法是列出框架式要点，让事件发生的顺序大体成形。这些简单的要点本身没有多少意义，只有仔细阅读"人物与事件"这个标题下面的文字才能理解。这个简单的大纲还在设想阶段，只用于说明构成中间这个部分的大致内容。

夏末：
　　米克夜间闲逛和音乐会。这年夏天米克成长的简要经历。音乐会后第二天上午，波西娅对米克和凯利家其他的孩子讲述威利被捕的事。米克上午的闲逛。
　　杰克·布朗特在阳光南方演唱会的经历。

秋天：
　　米克上职业高中第一天。
　　科普兰医生巡诊。波西娅再次来访，告诉父亲海伯伊离开她了。
　　米克认识了哈利·韦斯特。
　　比夫的妻子艾丽斯死了。他的沉思。
　　还是米克和音乐的事。米克的姐姐艾塔不辞而别，想到好莱坞去，几天后却回来了。米克和教她音乐的小个子女孩一起去听了一次"真正的"钢琴课。她大胆地告诉钢琴老师她是个音乐家，并且坐下来准备在一台"真正的"钢琴上演奏,却陷入狼狈不堪的窘境。(这件事发生的地点就在本节开始米克听收音机里的音乐会那家人的家里——夏天米克从窗外观察过他们,所以对这位老师和她的家人都已经很熟悉了。)

冬天:

圣诞节。科普兰医生举办他每年两次的圣诞聚会——上午一次是给孩子们办的,临近傍晚的时候一次是给大人们办的。他每年如此,已经二十年了,他给他的病人们奉上茶点,然后讲几句话。科普兰医生和他工作对象之间的关系清晰可见。

辛格探望安东纳波勒斯。

杰克·布朗特在城里当廉价出租车司机的经历。

米克和辛格。米克和哈利·韦斯特开始计划造滑翔机。

波西娅在凯利家厨房对米克、杰克·布朗特和辛格讲述威利和另外四个男孩的悲剧。

春天:

比夫·布兰农更多的沉思。米克和比夫在餐馆的场景。

还是米克和她的音乐。米克和哈利一起造滑翔机。

威利回来了。科普兰医生和杰克交谈。

哈利和米克之间突然发生草率体验,两人关系结束。哈利离去。米克为隐秘感到压抑。凯利家的经济状况。米克积极的计划和她的音乐。

辛格死去。

这个提纲没有体现故事的中心脉络——即每个主要人物和哑巴的关系。这些关系是渐进形成的，而且是他们每个人自身存在的一个部分，因此无法简单归入这些要点。然而时间安排和事件顺序的大体含义是可以从中整理出来的。

第三部分。辛格的死给全书最后整个这一部分罩上了阴影。在长度上，这一部分需要的篇幅和第一部分差不多。在技术处理上，这两个部分的相似也很显著。这部分里的故事发生在6月和7月。共有四章，每一个主要人物都做了最后表现。这个结尾部分的简单提要可以大致表述如下：

科普兰医生。他的工作和教育活动结束——他离开城里去了乡下。波西娅、威利和海伯伊重新开始生活。

杰克·布朗特。杰克写了几份措辞奇特的社会宣言在城里散发。阳光南方演唱会上的混战；杰克准备离开此地。

米克·凯利。米克开始在廉价小店上班。

比夫·布兰农。比夫、米克和杰克在餐馆的最后场景。比夫的沉思得出结论。

地点——小城

从本质上说，这个故事可以发生在任何时间任何地点。然而就本书已经写成的部分而言，故事中的很多表现是当今美国所特有的——而且更为美国南方所特有。书中一次也没有提到本城的地名。其位置在佐治亚州西端，紧挨查塔胡奇河，与亚拉巴马州隔界相望。小城人口四万左右——城区里约三分之一是黑人。这是个典型的工业社区，几乎所有的商务活动都是以几家纺织厂和一些小零售商店为中心进行的。

产业组织在城里的工人中间根本无法展开活动。极端贫困现象随处可见。一般的棉纺织工人和矿工或者汽车工人很不一样——南卡罗来纳州加斯托尼亚以南，一般棉纺织工人都处于一种冷漠倦怠的状态。大部分情况下，他们都无意去探讨贫困和失业的原因。他们把眼前的怨恨倾泻于社会地位比他们更低的唯一的那个群体——黑人。工厂萧条的时候，这座小城就真正成了一个人们充满失落感只能挨饿的地方。

技巧和总结

本书是按照一个明确而平衡的设计做出计划的。自始至终采用复调形式。像赋格曲中的一个人声一样，每个主要人物都自成一体——但其人格特征在与书中其他人物的交织和对照中呈现出新的丰富色彩。

只有在本书写作实际采用的风格中，才能清楚地看出这部作品与复调音乐的相同之处。书中用了五种不同风格——每个主要人物一种，都以主观内省的方式处理，哑巴采用客观的传奇风格。每一种写作方法的目的都是尽量贴近人物内在的心灵节奏，从他的视角来写。风格与人物的这种相似在第一部分里相当清楚——但是这种接近是在每个细节中逐渐发展起来的，直到最后，相应的风格表现人物内心达到最大深度，而不至落入不可辨识的无意识。

　　本书的各个侧面都会是完整的。不会留下游离状态的松散线索，结尾时会感觉到一种平衡的完备。本书的基本思想具有讽刺意味——但是读者不会感觉毫无价值。本书反映过去，也指明未来。书中有几个人物非常接近于成为英雄，他们并非同类人的孤例。这些人的本质让人感觉到，无论有多少次他们的努力付诸东流，也无论有多少次事实证明他们的个人理想实为虚妄，总有一天他们会联合起来，得到他们应得的一切。

附录二　卡森·麦卡勒斯生平年表

1917 年
2 月 19 日　　露拉·卡森·史密斯，拉马尔和玛格丽特·沃特斯·史密斯的女儿，出生于佐治亚州哥伦布市第十三街 423 号。

1919 年
5 月 13 日　　露拉·卡森的弟弟小拉马尔·史密斯出生。

1921 年
9 月　　露拉·卡森开始在佐治亚州哥伦布市第十六街上幼儿园。

1922 年
8 月 2 日　　露拉·卡森的妹妹玛格丽塔·加歇·史密斯出生。

1923 年
2 月　　露拉·卡森进入小学一年级。
11 月 21 日　　露拉·卡森的外祖母露拉·卡罗琳·卡森·沃特斯去世，她与露拉·卡森同名，和史密斯家同住。

1925 年

夏天	老拉马尔·史密斯买了小灵狗双门轻型轿车，全家搬到佐治亚州哥伦布市威顿路 2417 号租来的房子里。
9 月	露拉·卡森转学到威顿学校三年级。
11 月 21 日	露拉·卡森加入哥伦布市第一浸礼会。

1926 年

	露拉·卡森开始跟肯德里克·基尔斯太太学钢琴。
1 月	史密斯家买下了斯塔克大道 1519 号的房子。
5 月 30 日	露拉·卡森在哥伦布市第一浸礼会教堂受洗。

1930 年

2 月 3 日	露拉·卡森进入哥伦布中学八年级。
7 月	露拉·卡森探望住在辛辛那提州的舅舅艾拉姆·沃特斯（Elam Waters）一家，并把"露拉"从自己名字中去除。
8 月	艾伯特·西·约·塔克上校和妻子玛丽·塔克（卡森的下一位钢琴教师）移居本宁堡。
秋天	卡森不再跟基尔斯太太学钢琴。
10 月	卡森开始跟玛丽·塔克学钢琴。

1931 年

6 月　　小詹姆斯·利夫斯·麦卡勒斯（1913 年 8 月 11 日生）从威屯卡中学毕业（亚拉巴马州威屯卡市）。

11 月 3 日　利夫斯·麦卡勒斯入伍，驻佐治亚州本宁堡。

1932 年

冬天　　卡森患风湿热（被误诊），病倒几个星期；告诉朋友海伦·哈维决定写作，后因参加音乐会放弃写作计划。

1933 年

　　　　卡森大量阅读，写剧本，写出第一个短篇小说《傻瓜》(Sucker)。

6 月　　卡森从哥伦布中学毕业。

1934 年

春天　　卡森结识埃德温·皮科克。

6 月　　塔克一家移居马里兰州霍华德堡。卡森告诉玛丽·塔克决定写作。

9 月　　卡森十七岁，乘船从萨凡纳到纽约。

11 月 2 日　利夫斯·麦卡勒斯服役三年期满，又延长三年。埃德温·皮科克把利夫斯介绍给史密斯家。

1935 年

2月—6月	卡森在哥伦比亚大学注册，选修了多萝西·斯卡伯勒① 和海伦·罗斯·哈尔② 的创意写作课。
6月中旬	卡森乘长途公共汽车返回哥伦布。埃德温·皮科克把卡森介绍给利夫斯·麦卡勒斯。皮科克、利夫斯和卡森夏季多次造访马克斯·古德利（Max Goodley）家。
8月	卡森在《哥伦布纪事报》（*Columbus Ledger*）当记者。
9月	卡森回到纽约，在纽约大学华盛顿广场学院注册，跟从西尔维娅·查特菲尔德·贝茨学了两个学期的写作。
11月	利夫斯和皮科克的一个朋友约翰·文森特·亚当斯搬到纽约，鼓动利夫斯离开军队到纽约和他一起致力于写作。

1936 年

1月	利夫斯继承了亚拉巴马港口债券，购得退伍许可。
2月—6月	卡森继续在纽约大学跟从西尔维娅·查特菲尔德·贝茨学习。
6月	卡森回到哥伦布短期逗留。

---

① 多萝西·斯卡伯勒（Dorothy Scarborough, 1878—1935），美国女作家。
② 海伦·罗斯·哈尔（Helen Rose Hull, 1888—1971），美国女作家。

7月	卡森回到纽约，在哥伦比亚大学跟从惠特·伯内特学习。
9月	利夫斯在哥伦比亚大学注册，选修新闻学和人类学课程。
11月	卡森患重病。利夫斯从哥伦比亚大学退学（11月12日）送卡森回到佐治亚的家里。
冬天	卡森卧床过冬，开始写一个聋哑人的故事，题为《哑巴》（即后来的《心是孤独的猎手》）。
12月	《神童》发表于《小说》杂志。《小说》还买下了《如此》(*Like That*)，但在卡森生前一直没有发表。

1937年

	在一次和利夫斯去查尔斯顿的时候，约翰·齐格勒和埃德温·皮科克向卡森介绍了伊萨克·迪内森的作品。
3月	卡森和利夫斯在纽约州卡托纳湖畔的戈登斯布里奇同住了三个半星期，后因病回到哥伦布。
夏天	卡森在哥伦布教音乐。
9月20日	卡森与小詹姆斯·利夫斯·麦卡勒斯结婚，婚后移居北卡罗来纳州的夏洛特，利夫斯在该地信贷公司工作。他们的第一个住处是东大街311号的一个公寓。
秋天	卡森和利夫斯搬到北卡罗来纳州夏洛特中央大道806号。

1938 年

3 月	利夫斯加薪升职后,卡森和利夫斯搬到北卡罗来纳州费耶特维尔市罗恩街的公寓里。卡森写作《哑巴》。
4 月	卡森向霍顿·米夫林公司提交《哑巴》提纲,参加小说大赛。
7 月	卡森回到佐治亚州哥伦布市探望家人。
秋天	卡森和利夫斯搬到费耶特维尔的北凉泉街 119 号。

1939 年

春天	卡森写完《哑巴》(现名《心是孤独的猎手》),开始写《军营》(*Army Post*)(后来出版时书名为《金色眼睛的映像》)。卡森两次独自回到哥伦布,想发表《傻瓜》和《西区八十街小巷》(*Court in the West Eighties*),但未果。
秋天	卡森回到哥伦布,开始构思《婚礼的成员》。

1940 年

6 月 4 日	《心是孤独的猎手》由霍顿·米夫林出版。
6 月中旬	卡森和利夫斯离开费耶特维尔到纽约市,搬进格林威治村西区第十一街 321 号的公寓。
7 月	卡森见到克劳斯·曼和埃莉卡·曼姐弟,威·休·奥登,及安妮玛丽·克拉莱克-施瓦森巴赫。

8月	卡森把《金色眼睛的映像》卖给了《时尚芭莎》。
8月14日	卡森参加了两个星期的布雷德洛夫作家创作班[1]，见到了路易斯·昂特迈耶[2]和尤多拉·韦尔蒂[3]。
8月29日	卡森在波士顿探访霍顿·米夫林出版公司办公室及编辑罗伯特·林斯科特。
9月	卡森与利夫斯分居，和乔治·戴维斯及威·休·奥登搬进布鲁克林高地米达街7号。
10月—11月	《金色眼睛的映像》在《时尚芭莎》连载。
感恩节	卡森在和吉普赛·罗斯·李查看火情时突发灵感，完成《哥哥和新娘》(*The Bride and Her Brother*) 的构思（出版时书名为《婚礼的成员》）。
冬天	卡森病倒，回哥伦布养病，却不得不面对《金色眼睛的映像》在家乡引起的各种反应。
11月	安妮玛丽·克拉莱克-施瓦森巴赫因精神病住院，后从医院逃走，卡森为此回到纽约。
12月	《回望故乡吧，美国人》(*Look Homeward, Americans*) 发表于《时尚》杂志。

---

[1] 布雷德洛夫作家创作班（Bread Loaf Writers' Conference），又译布雷德洛夫作家会议，每年夏季由位于美国佛蒙特州布雷德洛夫山区的米德伯里学院（Middlebury College，又译明德学院）举办。"布雷德洛夫"（意为"长条面包"）是该校1926年发起延续至今的系列文学研习活动总名称，其中作家会议参加者常达数百，活动形式主要是类似创作班（workshop）的研讨交流。
[2] 路易斯·昂特迈耶（Louis Untermeyer, 1885—1977），美国诗人，批评家。
[3] 尤多拉·爱丽丝·韦尔蒂（Eudora Alice Welty, 1909—2001），美国女作家。

1941 年

	卡森见到表哥约丹·麦西和他的同伴保罗·比奇洛（Paul Bigelow）。
1月1日	《为自由守夜》(*Night Watch Over Freedom*) 发表于《时尚》杂志。
2月	卡森第一次脑中风，视力严重受损，头部刺痛。后视力恢复，但一个多月不能走动。
2月14日	《金色眼睛的映像》由霍顿·米夫林公司出书。卡森在哥伦布，继续写作。
3月	《家住布鲁克林》发表于《时尚》杂志。
4月	利夫斯寻求和解，来到哥伦布，和卡森一起返回纽约市西区第十一街的公寓。《我铭记的书》(*Books I Remember*) 发表于《时尚芭莎》。
5月2日	卡森和利夫斯结识作曲家戴维·戴蒙德①，自此和他开始了一段复杂的三人爱情关系。
6月14日—8月22日	卡森住在纽约萨拉托加泉的雅都园区；见到凯瑟琳·安妮·波特和纽顿·阿尔文，写作《伤心咖啡馆之歌》。
7月—11月14日	利夫斯和戴维·戴蒙德住在纽约罗切斯特，利夫斯在参孙联合化工厂工作。
7月	利夫斯伪造卡森账户的支票签名，卡森考虑离婚。《俄国现实主义作家与南方文学》(*The Russian Realists and Southern Literature*) 发表于《抉择》(*Decision*)。

① 戴维·戴蒙德（David Diamond，1915—2005），美国古典音乐作曲家。

7月15日	《我们曾高举旗帜——我们也曾反战》(*We Carried Our Banners — We Were Pacifists Too*) 发表于《时尚》。
8月22日—30日	卡森陪伴纽顿·阿尔文、格兰维尔·希克斯[①]及其家人到魁北克。回程中,卡森和纽顿·阿尔文造访马萨诸塞州北安普敦的史密斯学院。
8月23日	《骑师》发表于《纽约客》。
夏末	卡森收到克拉莱克-施瓦森巴赫一连串来信。
9月4日—30日	卡森从雅都回到纽约,启动离婚程序。
10月	戴蒙德把芭蕾舞曲《奥杜邦之梦》(*The Dream of Audubon*) 题献给卡森和利夫斯。
10月中旬	卡森回到哥伦布。
11月—12月	《抉择》刊发《扭曲的三位一体》(*The Twisted Trinity*),这是卡森第一首公开发表的诗;戴维·戴蒙德为之配曲。
12月—1月	卡森重病:胸膜炎,喉炎,双侧肺炎。
冬天	卡森写作短篇小说《茨伦斯基夫人和芬兰国王》(*Madame Zilensky and the King of Finland*),《通信》(*Correspondence*)。

[①] 格兰维尔·希克斯(Granville Hicks, 1901—1982),美国作家。

1942 年

2月中旬	卡森体力恢复，继续写《新娘》书稿。中断《新娘》写作写了《树。石。云。》。
2月7日	短篇小说《通信》发表于《纽约客》。
3月	卡森告诉戴维·戴蒙德《新娘》书稿完成，但很快意识到必须修改才能出版。
3月19日	离婚后的利夫斯重新入伍。
3月24日	卡森接到通知称她获得了一笔古根海姆奖金[①]。
春天	卡森造访哥伦布。
4月26日	卡森造访佐治亚州温泉镇[②]。
6月下旬	卡森从佐治亚去纽约，随后去了雅都。
7月2日—1月17日	卡森在雅都写作。
11月	卡森完成《伤心咖啡馆之歌》。《树。石。云。》发表于《时尚芭莎》，并由赫歇尔·布里克尔（Herschel Brickell）选编入年度文集《欧·亨利纪念奖 1942 年获奖短篇小说集》（*O. Henry Memorial Prize Stories of 1942*）。
11月5日	卡森迁入雅都的松树工作室。
11月15日	安妮玛丽·克拉莱克-施瓦森巴赫逝于瑞士锡尔斯。

[①] 古根海姆奖金（Guggenheim Fellowship）是古根海姆纪念基金会提供给作家、艺术家、学者的津贴。

[②] 温泉镇（Warm Springs），前美国总统罗斯福在此治病并逝于此地，时有"小白宫"之称。

11月29日　利夫斯接受派遣在纽约厄普顿军营服役。
12月1日　卡森在雅都听到克拉莱克-施瓦森巴赫去世的消息。

1943 年

1月—2月　卡森患病，一是"难对付的流感"，一是颌骨骨折引发的感染（牙医在拔除臼齿时不小心造成骨折）。
1月　《伤心咖啡馆之歌》售予《时尚芭莎》，定8月刊出。
1月17日　卡森离开雅都，搬回布鲁克林高地米达街7号。
2月　玛格丽特·史密斯从哥伦布来到米达街照料女儿并陪她回到哥伦布。
2月23日　利夫斯在田纳西州福里斯特军营给卡森发出请求和解的信。
4月　《爱不受时间愚弄》(Love's Not Time's Fool)发表于《女士》杂志。
4月2日　利夫斯从田纳西州福里斯特军营给卡森写信。
4月9日　卡森得知美国艺术暨文学学会和国家艺术暨文学研究院（National Institute of Arts and Letters）要授予她一千元的艺术暨文学奖金。
4月22日　卡森回到哥伦布。
4月25日　利夫斯从田纳西州福里斯特军营给卡森写信。
5月3日　利夫斯从田纳西州福里斯特军营给卡森写信。

5月5日	卡森在亚特兰大与利夫斯重聚。一周后,利夫斯请了五天假,到哥伦布与卡森会合。
5月16日	利夫斯从田纳西州福里斯特军营给卡森写信。
5月31日	利夫斯从田纳西州福里斯特军营给卡森写信。
6月1日	卡森回到米达街7号短暂逗留。
6月8日—8月12日	卡森在雅都。
8月	《伤心咖啡馆之歌》在《时尚芭莎》刊出。
8月15日—9月	卡森在纽约市住了几天,去看了戴维·戴蒙德,因父亲生病回到哥伦布。
9月1日	利夫斯从田纳西州福里斯特军营给卡森写信。
9月8日	利夫斯从佛罗里达州皮尔斯堡给卡森写信。
10月5日	利夫斯从新泽西州迪克斯堡给卡森写信。
10月15日	利夫斯从新泽西州迪克斯堡给卡森写信。
10月16日	利夫斯从新泽西州迪克斯堡给卡森写信。
10月20日	利夫斯从新泽西州迪克斯堡给卡森写信。
10月21日—30日	卡森在迪克斯堡探望利夫斯。他们考虑复婚但决定维持现状。
11月2日	利夫斯从新泽西州迪克斯堡给卡森写信。
11月13日	利夫斯从"美国东部"给卡森写信。
11月15日	利夫斯给卡森写信。
11月16日	利夫斯给卡森写信。
11月28日	利夫斯从迪克斯堡启程赴欧洲。
12月5日	利夫斯从英格兰给卡森写信。

冬天	卡森在哥伦布，开始把《新娘》书稿称为《婚礼的成员》。

1944 年

1月—2月	卡森患流感和胸膜炎，重度神经痛发作，为利夫斯在作战中的安全担惊受怕。
2月19日	利夫斯给卡森写信。
2月	卡森得知利夫斯于英格兰在一次摩托车事故中手腕骨折。
3月4日	利夫斯从英格兰给卡森写信。
3月9日	利夫斯给卡森写信。
3月27日	利夫斯给卡森写信。
3月	卡森的妹妹丽塔·史密斯移居纽约市从事写作，在出版业找到工作。
春天	卡森想找一份战地记者的工作。
6月	丽塔·史密斯开始在《女士》杂志为乔治·戴维斯工作。
6月1日	卡森收到利夫斯的电报，此时利夫斯正在英格兰为参加诺曼底登陆接受训练；这是两个多月来第一次收到利夫斯的讯息。
6月6日	利夫斯在诺曼底登陆行动中受伤。
6月10日	利夫斯从美国海军得克萨斯号战列舰上用制式信纸给卡森写信。

6月15日—	卡森在雅都。
8月2日	
6月20日	利夫斯从法国给卡森写信。
6月24日	美国陆军给卡森发电报告知利夫斯负伤。
6月25日	卡森接到电报,得知利夫斯在诺曼底负伤。
6月27日	利夫斯从法国给卡森写信。
7月9日	利夫斯从法国给卡森写信。
7月10日	利夫斯从法国给卡森写信。
7月14日	利夫斯从法国给卡森写信,内附剪报。
8月1日	卡森的父亲在哥伦布去世,卡森回到哥伦布出席葬礼。
8月5日	利夫斯从法国给卡森写信。
8月21日	利夫斯从法国给卡森写信。
9月4日	卡森、丽塔和母亲移居纽约奈亚克,在百老汇南路127号租下一套公寓(灰苑公寓楼)。
9月13日	利夫斯从法国给卡森写信。
9月14日	利夫斯从法国给卡森写信。
10月5日	利夫斯从"欧洲某地"给卡森写了两封信。
10月10日	利夫斯从卢森堡给卡森写了两封信。
10月17日	利夫斯从卢森堡给卡森写信。
11月8日	利夫斯从卢森堡给卡森写信。
11月初	卡森短暂造访雅都去看纽顿·阿尔文和伊丽莎白·艾姆斯。
11月12日	卡森从纽约奈亚克给利夫斯写信。

11月21日	卡森从纽约奈亚克给利夫斯写信。
11月22日	利夫斯从德国给卡森写信。
11月22日	卡森从纽约奈亚克给利夫斯写信。
12月	卡森罹患严重的眼疲劳,无法工作。《伤心咖啡馆之歌》收入玛莎·弗利主编的《1944年美国最佳短篇小说》。
12月3日	卡森从纽约奈亚克给利夫斯写信。
12月3日	利夫斯从比利时给卡森写了两封信。
12月4日	利夫斯从比利时给卡森写信。
12月5日	卡森从纽约奈亚克给利夫斯写信。
12月8日	利夫斯从德国给卡森写信。
12月9日	利夫斯在德国罗特根负伤。
12月12日	利夫斯从巴黎给卡森写信。
12月13日	卡森从纽约奈亚克给利夫斯写信。
12月15日	卡森从纽约奈亚克给利夫斯写信。
12月17日	利夫斯从英格兰给卡森写信。
12月18日	卡森给利夫斯写信。
12月19日	卡森给利夫斯写了两封信。
12月20日	美国陆军给卡森发电报告知利夫斯负伤。
12月21日	卡森给利夫斯写了两封信。
12月25日	卡森在雅都给利夫斯写信。
12月26日	利夫斯从英格兰给卡森写信。
12月27日	卡森给利夫斯写信。
12月28日	卡森给利夫斯写了两封信。

12月下旬　　卡森从雅都回到奈亚克。

1945年

1月　　　　卡森患流感,病中度过1月大部分时间。

1月1日　　卡森从纽约奈亚克给利夫斯写信。

1月6日　　卡森收到利夫斯写于英格兰的信（负伤后第一次）后,从纽约奈亚克给利夫斯写信。

1月7日　　卡森从纽约奈亚克给利夫斯写信。

1月7日　　卡森从纽约奈亚克给在伦敦的利夫斯发电报。

1月8日　　卡森从纽约奈亚克给利夫斯写信。

1月9日　　卡森从纽约奈亚克给利夫斯写信。

1月10日　 卡森从纽约奈亚克给在伦敦的利夫斯发电报。卡森从纽约奈亚克给利夫斯写信。

1月11日　 卡森从纽约奈亚克给利夫斯写信。

1月14日　 卡森从纽约奈亚克给利夫斯写信。

1月17日　 卡森从纽约奈亚克给利夫斯写信。

1月18日　 卡森从纽约奈亚克给利夫斯写信。

1月24日　 卡森从纽约奈亚克给在伦敦的利夫斯发电报。卡森从纽约奈亚克给利夫斯写信。利夫斯给卡森发电报说"可能很快回国"。

1月27日　 卡森从纽约奈亚克给利夫斯写信。

2月4日　　卡森从纽约奈亚克给利夫斯写信。

2月8日　　卡森从纽约奈亚克给利夫斯写信。

2月10日　 利夫斯乘船离开英格兰回美国。

2月15日	玛格丽特·史密斯拿到出售丈夫产业所得的款子，在奈亚克寻找合适的房子准备购进。
2月19日	卡森从纽约奈亚克给利夫斯写信。
2月24日	卡森在纽约市见到刚从英格兰回国的利夫斯。
3月19日	卡森和利夫斯在纽约新城注册再婚。
4月2日	卡森从纽约奈亚克给利夫斯写信。
5月8日	卡森从纽约奈亚克给利夫斯写信。
5月15日	卡森母亲买下纽约奈亚克百老汇南路131号的房子。
7月中旬	利夫斯接到因伤退伍的建议。
6月26日—8月31日	卡森在雅都写作《婚礼的成员》。
8月3日	利夫斯从佐治亚州惠勒军营（近梅肯）给卡森写信。
8月5日	利夫斯从佐治亚州惠勒军营给卡森写信。
8月7日	利夫斯从佐治亚州惠勒军营给卡森写信。
8月9日	利夫斯从佐治亚州惠勒军营给卡森写信。
8月13日	利夫斯从佐治亚州惠勒军营给卡森写信。
8月31日	卡森完成《婚礼的成员》，从雅都回到奈亚克。
11月	《我们垂首》(*Our Heads Are Bowed*) 在《女士》杂志发表。
11月21日	利夫斯给卡森写信。
圣诞节	利夫斯终止在佐治亚州惠勒军营的临时任务，回到奈亚克休退役前最后一次假。

1946 年

1 月	《婚礼的成员》第一部分发表于《时尚芭莎》。
2 月	利夫斯提升为上尉。
2 月 19 日	约翰·齐格勒和埃德温·皮科克的书店"地下书室"在卡森生日这天于查尔斯顿开张。
3 月 16 日	利夫斯因残疾退伍。
3 月 19 日	《婚礼的成员》由霍顿·米夫林出版。
3 月 23 日—5 月 31 日	卡森回到雅都。
4 月 15 日	卡森第二次获得古根海姆奖金。利夫斯和卡森准备到法国居住。
6 月	卡森在楠塔基特岛和田纳西·威廉斯同住几个星期,开始改编《婚礼的成员》。
6 月 29 日	卡森从楠塔基特岛回到奈亚克短期逗留。
7 月 4 日	卡森和利夫斯回到楠塔基特岛。利夫斯只住了几天,卡森则待到盛夏。
11 月 22 日	卡森和利夫斯乘法兰西岛号(Ile de France)邮轮赴欧洲。

1947 年

4 月	卡森到意大利蒂罗尔滑雪,在罗马探访娜塔莉亚·达内西·默里。

Illumination and Night Glare

5月	《婚礼的成员》舞台版陷入法律纠纷；卡森准备和田纳西·威廉斯到基韦斯特岛[①]去。卡森会见律师弗罗莉亚·拉斯基。
夏末	卡森和利夫斯赴巴黎。
8月	卡森严重中风；住进巴黎美国医院。
11月	卡森在巴黎第二次严重中风，右眼横向视觉受损，左侧身体瘫痪；在巴黎美国医院住院三周，由罗伯特·迈尔斯医生照料。
12月1日	卡森和利夫斯被人用担架送上飞机从巴黎回国；利夫斯是震颤性精神错乱，卡森是中风瘫痪。
12月1日—25日	卡森在哥伦比亚长老会医院神经科学研究所住院。
12月17日	《快讯》(*Quick*)杂志提名卡森为美国战后杰出作家之一。

1948年

1月	卡森获提名为1947年美国十名最应表彰的女性之一，并接受了《女士》杂志的优异奖（Merit Award）。
2月	利夫斯从奈亚克移居纽约市区。
2月28日	卡森给哥伦布公共图书馆写信，抗议其种族隔离政策。

---

① 基韦斯特岛（Key West），在美国南部佛罗里达群岛的西部。

3月	卡森自杀未遂；在曼哈顿的佩恩·惠特尼精神病诊所短期住院。
春天—秋天	卡森雇用兼职秘书做口述记录，修改《婚礼的成员》剧本。
春天	奥德丽·伍德代替安·沃特金斯成为卡森的代理人。
5月19日	卡森出席在华盛顿特区召开的全国精神病学会议，见到赫维·克莱克利。
8月	卡森和利夫斯和解。卡森健康恶化。
9月	《我是怎样开始写作的》(How I Began to Write)发表于《女士》杂志。《抵押出去的心》和《当我们失落时》(When We Are Lost)（两首诗）在文学刊物《新方向》上发表。
10月	卡森公开支持哈里·杜鲁门竞选总统。

1949年

1月	卡森在曼哈顿汤普森街105号公寓和利夫斯共度了一个月。
3月13日	卡森和母亲回佐治亚住了两星期，先到哥伦布，然后到梅肯（3月17日）看望表哥约丹·麦西。
3月21日	因为与伊丽莎白·艾姆斯（雅都的主管）和某党发生争议，卡森返回纽约市。途中，卡森在亚特兰大接受《亚特兰大宪法报》拉尔夫·麦吉尔[①]采访。

[①] 拉尔夫·埃默森·麦吉尔（Ralph Emerson McGill, 1898—1969），美国记者，《亚特兰大宪法报》出版人。

Illumination and Night Glare

5月13日	卡森和利夫斯在南卡罗来纳州查尔斯顿看望朋友埃德温·皮科克和约翰·齐格勒，继续卡森此前中断的南方之行。
12月	《婚礼的成员》（剧本）由新方向出版社出版。《家中圣诞》(*Home for Christmas*) 在《女士》杂志发表。
12月19日	《孤独，一种美国病》(*Loneliness, an American Malady*) 在纽约《先驱论坛报》(*Herald Tribune*) 的《本周杂志》①上发表。
12月22日	舞台剧《婚礼的成员》在费城胡桃剧院首演，这是百老汇连续演出之前的试演。

1950年

1月5日	《婚礼的成员》在百老汇首演，赢得纽约剧评界大奖和唐纳森最佳剧作奖。
春天	卡森和利夫斯临时搬入中央公园西路第七十二街路口的达科他公寓楼。
4月	《共同视野》(*The Vision Shared*) 发表于《戏剧艺术》(*Theatre Arts*)。
4月24日	卡森与其旧时钢琴教师玛丽·塔克重聚。
5月	《旅居者》(*The Sojourner*) 发表于《女士》。
5月20日	卡森乘船赴爱尔兰去探望伊丽莎白·鲍温。

---

① 《本周杂志》(*This Week Magazine*)，一种增刊，很多报纸都有，一般每周日出版。

6月初	利夫斯乘飞机到伦敦与卡森会合。
7月	卡森和利夫斯回到伊丽莎白·鲍温的家鲍温园。
8月2日	卡森和利夫斯回到纽约市分居。利夫斯找了一处公寓,卡森和朋友住在一起。
夏天—秋天	卡森在弗吉尼亚州塔克家做客。

1951年

3月	《婚礼的成员》电影拍摄权售予斯坦利·克雷默①。卡森从母亲手里买下奈亚克的房子。
3月17日	《婚礼的成员》舞台剧在上演了五百零一场之后结束演出。
5月24日	霍顿·米夫林出版《伤心咖啡馆之歌及其他作品》(*The Ballad of the Sad Café and Other Works*)。
6月28日	卡森乘伊丽莎白女王号(Queen Elizabeth)邮轮赴英格兰(利夫斯偷渡上船)。
夏天	卡森在伦敦探访伊迪斯·西特维尔。
10月	卡森回到美国。
秋天	卡森开始写作《碾槌》(*The Pestle*)(小说《没有指针的钟》的一部分)。
12月	卡森在奈亚克完成长诗《双重天使》,继续写作《没有指针的钟》。卡森和利夫斯到新奥尔良旅行。

---

① 斯坦利·厄尔·克雷默(Stanley Earl Kramer, 1913—2001),美国电影导演,制片人。

1952 年

1 月 30 日	卡森和利夫斯乘宪法号（Constitution）邮轮赴意大利那不勒斯。
2 月 6 日—4 月	卡森和利夫斯住在罗马。
4 月	卡森和利夫斯开车去巴黎，在巴黎附近的巴什维尔（Bachvillers）买了房子。
5 月 28 日	国家艺术暨文学研究院在卡森缺席的情况下正式接纳卡森为其成员。
仲夏 [1]	霍顿·米夫林出版《伤心咖啡馆之歌及短篇小说集》(The Ballad of the Sad Café and Collected Short Stories)。
夏天	玛格丽特·史密斯突发心脏病摔倒，卡森和利夫斯返回奈亚克探望。
7 月	长诗《双重天使：深思起源与选择》发表于《女士》。
9 月	卡森和利夫斯去罗马；卡森为戴维·O. 塞尔兹尼克 [2] 写《终点站》(Terminal Station) 电影脚本。《双重天使》在意大利文学刊物《隐秘工作室》[3] 原文刊出。

---

[1] 仲夏（Mid-Summer），欧美有"仲夏节"，为 6 月 24 日或 6 月 19 日—25 日。
[2] 戴维·O. 塞尔兹尼克（David O. Selznik，1902—1965），美国好莱坞电影制片人。因与其叔叔同名，所以姓名中间加了一个 O 以作区别，不是缩写。
[3] 《隐秘工作室》(Botteghe Oscure)，英文为 Dark Shops，由在美国出生的玛格丽特·卡塔尼公主（Princess Marguerite Caetani）1948 年创办于意大利罗马，1960 年停刊。

夏末	玛格丽特·史密斯再次病倒。卡森独自返回奈亚克。
夏天—秋天	小拉马尔·史密斯从佛罗里达州移居佐治亚州哥伦布。玛格丽特·史密斯和儿子一家回到哥伦布。奈亚克的房子由利夫斯的母亲和妹妹照料。
10月中下旬	卡森在罗马的萨尔瓦多蒙迪诊所住院一周。
11月	卡森和利夫斯返回巴什维尔。
感恩节	卡森和利夫斯在巴什维尔举办感恩节晚宴招待巴黎美国医院的朋友。
圣诞节	卡森和利夫斯在美国医院朋友家做客度圣诞节。

1953年

7月	《碾槌》(《没有指针的钟》第一部分)同时在《女士》和《隐秘工作室》刊出。
夏末	利夫斯劝说卡森和他一起自杀。卡森逃回美国。玛格丽特·史密斯[①]从哥伦布市儿子家返回奈亚克照料卡森。
11月18日	利夫斯在巴黎自杀身亡。
11月19日	利夫斯的遗体在巴黎一家旅馆被人发现。卡森在佐治亚州克雷敦看望作家莉莲·史密斯期间得知此事。

[①] 莉莲·尤金妮亚·史密斯(Lillian Eugenia Smith, 1897—1966),美国女作家,社会批评家。

Illumination and Night Glare

11月21日—25日	卡森在佐治亚州奥古斯塔看望赫维·克莱克利医生。
11月25日	卡森回到奈亚克。
11月27日	《纽约时报》刊登利夫斯的讣告。
12月3日	卡森回到南方。
12月15日	和卡森最为亲近的姨妈玛莎·沃特斯·约翰逊在哥伦布去世。卡森从南方回到奈亚克陪伴母亲。
12月27日	改编自短篇小说《旅居者》的电视剧《看不见的墙》(The Invisible Wall) 在福特基金会节目《荟萃》(Omnibus) 中播出。

1954年

2月—5月	卡森和田纳西·威廉斯一起在各地演讲。
2月17日	卡森在古彻学院（Goucher College）讲授小说写作和戏剧。
2月下旬	卡森到查尔斯顿访友。
春天	玛格丽特·史密斯髋部骨折。卡森从雅都回到奈亚克。玛格丽特进了疗养院。
3月下旬	卡森到北卡罗来纳州夏洛特访友。
4月19日	卡森从夏洛特回到雅都。
5月8日	卡森在纽约市犹太青年会诗歌中心演讲。
4月20日—7月3日	卡森在雅都完成《美妙的平方根》初稿。
夏天	卡森在纽约市见到玛丽莲·梦露。

秋天	卡森在纽约市罗伯特和希尔达·马克斯家里做客。玛格丽特·史密斯从疗养院回到奈亚克家里。艾达·里德尔被雇为管家。

1955年

4月	卡森和田纳西·威廉斯一起在基韦斯特岛度假；同时有三部书稿在写作过程中：《伤心咖啡馆之歌》改编为剧本，继续写作《美妙的平方根》和《没有指针的钟》。卡森和威廉斯在古巴度周末。
5月25日	完成《谁见过风?》，这是根据《美妙的平方根》改写的短篇小说。
6月10日	卡森的母亲玛格丽特·沃特斯·史密斯在奈亚克去世。
6月13日	《纽约时报》刊登玛格丽特·沃特斯·史密斯的讣告。
11月	《焦虑的孩子》(*The Haunted Boy*) 同时发表于《女士》和《隐秘工作室》。

1956年

	这一年里大部分时间卡森都在病中，瘫痪的左臂越来越疼，越来越萎缩。工作则是和圣-萨伯一起修改《美妙的平方根》剧本。
9月	《谁见过风?》发表于《女士》。

1957 年

2 月	《米克》(*Mick*) 发表于《文学大观》(*Literary Cavalcade*) 杂志。
2 月 16 日	舞台剧《婚礼的成员》在伦敦皇家宫廷剧院首演。
7 月	《石非石》(*Stone Is Not Stone*) 一诗发表于《女士》。
9 月 2 日	《美妙的平方根》开始排练。
10 月 10 日	在新泽西州普林斯顿的麦卡特剧院开始演出,这是在百老汇上演之前十天试演的首场。
10 月 13 日	《剧作家讲述痛苦》(*Playwright Tells of Pangs*) 刊于当日《费城调查者报》(*Philadelphia Inquirer*)。
10 月 23 日	乔治·基斯利受邀替换何塞·昆特罗执导《美妙的平方根》。
10 月 30 日	《美妙的平方根》在百老汇的国家剧院首演。
12 月 7 日	《美妙的平方根》在演出四十五场后结束。

1958 年

1 月	《美妙的平方根》停演后卡森陷入抑郁。
2 月	卡森开始接受玛丽·默瑟医生的治疗,左臂经历一系列手术。
5 月	卡森和吉恩·斯坦·范登·霍伊维尔[1]一起制作了录音,题目是"卡森·麦卡勒斯朗读《婚礼的成员》及其他作品"。

---

[1] 吉恩·斯坦·范登·霍伊维尔(Jean Stein Vanden Heuvel, 1934—2017),美国女作家,口述历史的开创者之一。范登·霍伊维尔是她前夫的姓。

7月	卡森在哥伦比亚大学演讲,为《美妙的平方根》写了《自序》(*A Personal Preface*)。
8月	卡森起草《盛开的梦》(*Flowering Dream*)。
8月19日	卡森参加了电视节目《行路灯》(*Lamp Unto My Feet*)中一场关于戏剧的专题讨论。
12月	《婚礼的成员》由安德烈·贝(Andre Bay)和威廉·霍普(William Hope)译为法语,在巴黎的法语联盟剧场(Alliance Francaise)上演。

1959年

	卡森左臂和手腕接受了两次手术。计划下一年再做两次。由于不能处理书稿,卡森开始创作儿童诗歌。
1月21日	卡森出席美国艺术暨文学学会和国家艺术暨文学研究院的晚宴,见到伊萨克·迪内森。卡森后来举办午餐会招待迪内森、阿瑟·米勒和玛丽莲·梦露。
12月	《盛开的梦:写作笔记》在《绅士》(*Esquire*)杂志上发表。

1960年

4月	卡森第三次申请古根海姆奖金,因为已经接受过两次而被拒。

7月	爱德华·阿尔比[①]和卡森接触，想把《伤心咖啡馆之歌》改编为舞台剧。
12月1日	卡森完成《没有指针的钟》，距开始写作这部小说已近二十年。

1961年

1月	《心是孤独的猎手》电影拍摄权售予托马斯·瑞安[②]。
2月	卡森修订《没有指针的钟》校样。
5月	克米特·布卢姆加登[③]获得《没有指针的钟》舞台剧改编权。
6月	卡森在纽约哈克尼斯馆医院接受左手手术。
7月	《独自承受真相》(*To Bear the Truth Alone*)(《没有指针的钟》第二部分）发表于《时尚芭莎》。
9月18日	《没有指针的钟》由霍顿·米夫林出版，题献给玛丽·默瑟医生。
12月	《孩子眼中的圣诞节》(*A Child's View of Christmas*)发表于《红皮书》[④]杂志。

1962年

夏天	卡森和爱德华·阿尔比到弗吉尼亚州看望玛丽·塔克。

[①] 爱德华·阿尔比（Edward Albee，1928—2016），美国剧作家。
[②] 托马斯·瑞安（Thomas C. Ryan，1924—1986），美国制片人，编剧。
[③] 克米特·布卢姆加登（Kermit Bloomgarden，1904—1976），美国舞台剧制作人。
[④] 《红皮书》(*Redbook*)，美国一份女性杂志。

夏末	卡森和玛丽·默瑟到火岛[①]看望爱德华·阿尔比。卡森和西米恩·史密斯少校在西点会见威廉·福克纳。
9月	卡森在哈克尼斯馆医院接受手术,治疗乳腺肿瘤和手。
10月	卡森在英国参加切滕纳姆文学节[②]和伊迪斯·西特维尔75周岁生日庆祝活动。

1963年

1月	《爱德华·阿尔比的隐秘才华》(The Dark Brilliance of Edward Albee)在《时尚芭莎》发表。
4月12日	卡森和玛丽·塔克去查尔斯顿。卡森在查尔斯顿结识戈登·兰利·霍尔,后成为朋友。
9月	短篇小说《傻瓜》发表于《星期六晚邮报》(Saturday Evening Post)。
10月30日	爱德华·阿尔比改编的舞台剧《伤心咖啡馆之歌》在百老汇的马丁·贝克剧院首演。

1964年

2月15日	《伤心咖啡馆之歌》在上演一百二十三场之后结束。

---

① 火岛(Fire Island),纽约市的一处名胜。
② 切滕纳姆文学节(Cheltenham Festival),切滕纳姆是英格兰西南部格洛斯特郡(Gloucestershire)的一个温泉小镇,每年3月举办赛马节、4月葡萄酒节、7月音乐和科学节、10月文学节等。

春天	卡森摔断了右侧髋骨，左肘粉碎性骨折。
5月25日	短篇小说《旅居者》改编的电视剧在美国全国广播公司（NBC）电视台播出。
11月1日	霍顿·米夫林出版公司出版《甜如泡菜净如猪》。
11月8日	卡森签署遗嘱。
12月1日	《红皮书》刊登《甜如泡菜净如猪》选篇。

1965年

	第一部研究麦卡勒斯创作生涯的专著《卡森·麦卡勒斯：她的生活和创作》(Carson McCullers: Her Life and Work)由伦敦的彼得·欧文出版社（Peter Owen Publishers）出版，作者奥利弗·埃文斯。
7月14日	卡森接受探查手术，髋部的固定支架折断。住院三个月。
9月	卡森接受腿部手术。
12月7日	玛格丽特·苏·沙利文[1]在奈亚克探望卡森时，看见了《迄今为止的启示》(Illuminations Until Now)书稿。
12月18日	卡森获得德国汉堡《世界报》(Die Welt)授予的"年轻一代大奖"(Prize of the Younger Generation)。

---

[1] 玛格丽特·苏·沙利文（Margaret Sue Sullivan, 1935—2012），美国文学研究者。

1966 年

　　　　　　卡森和玛丽·罗杰斯合作把《婚礼的成员》改编为音乐剧，同时写作书稿，暂名为《启与魅》。

10 月　　　电影《金色眼睛的映像》在纽约长岛的米切尔基地（Mitchel Field）开拍。

11 月　　　密西西比大学授予卡森一笔人文科学奖金（Grant of the Humanities）。

1967 年

2 月 19 日　卡森住在纽约的广场酒店庆祝五十岁生日。

3 月　　　　短篇小说《游行》(The March) 在《红皮书》发表。

4 月 1 日　卡森由艾达·里德尔陪伴在爱尔兰看望约翰·休斯顿。

4 月 16 日　《纽约时报》刊登雷克斯·里德对卡森的采访《五十岁的"弗兰淇·亚当斯"》，这是卡森最后一次接受采访。

4 月 18 日　卡森和艾达·里德尔从爱尔兰返回。卡森继续口授题为《启与魅》的自传。

4 月 30 日　卡森被指名获 1966 年亨利·贝拉曼奖（Henry Bellamann Award），得到一千元奖金，以表彰其"对文学的杰出贡献"。

7 月 31 日　卡森写了最后一封信，收信人是约翰·休斯顿。

8 月 15 日　卡森最后一次中风，大面积脑出血；昏迷四十七天。

8月19日	奈亚克医院为卡森做了气管切开术。
9月8日	田纳西·威廉斯到医院看望卡森。
9月27日	《金色眼睛的映像》改编电影预映。
9月29日	卡森在奈亚克医院去世。
9月30日	《纽约时报》刊登卡森的讣告。
10月2日	《心是孤独的猎手》改编电影开始拍摄。
10月3日	卡森在奈亚克俯瞰哈德逊河的橡树山公墓下葬。
10月4日	《纽约时报》详细报道了卡森葬礼。
10月11日	《金色眼睛的映像》改编电影公映。
10月15日	（原定的腿部截肢日期）
12月	《医院里的平安夜》（*A Hospital Christmas Eve*）在《红皮书》发表。

1968年

    电影《心是孤独的猎手》公映。

1971年

    霍顿·米夫林出版由玛格丽塔·加歇·史密斯编辑的《抵押出去的心》。

译后记

和卡森·麦卡勒斯相处了将近半年，尽量深入她的内心去理解她，同时从外部（通过各种资料）转着圈地打量这个人。这个过程中时起时伏，或激烈或平缓，总有些震动和想法。现在终于结束了，怎么也得写几句，才对得起用半年时间这样细地琢磨一个人所花的工夫。当然还是侧重从译者的角度来看。

卡森身上有很多光环。文学界的人不是傻瓜，读者也不瞎，这些评价总体上是有根据的。在资料中可以看到，围绕着她其实一直是争议不断，不喜欢她的人也不少。但是随着这本书的翻译一页一页往前推进，我越来越感到，我们常说文如其人，看作品须知人论世、以意逆志，这说的都是文与人之间的联系，然而文与人毕竟不是同一个概念。文只是人一部分的反映，出于对表达的渴望和对美的追求，就这一部分也是有所提炼和升华的，那提炼和升华出来的东西，可能就正好敲中了"人"的某些共性，由此产生其文学价值和社会价值，甚至那种表达的愿望和方式本身，都有可能具有独特的人文价值。而自传和创作的作品相比，更多地还原了作品之外社会之中的"人"，传主看上去不那么三观皆正、中规中矩，恐怕是一种必然。所以还是把作者作为一个必须食人间烟火的普通人来理解吧。她就是一个"人"的标本，如棱镜一般折射出很多很多，这就够了。作品一出来，作者就"死了"。成熟的读者喜欢她的《伤心咖啡馆之歌》或者《心是孤独的猎手》并不是冲着这个人去的。不过是作品拨动了读者的心弦而已。喜欢了她的作品，再去看看这个人，了解一下比如她的那些"孤独"等等是怎么来的，也就可以了。反过来说，那些殿堂级名家就都经得起人们对他作为一个"人"的审视吗？

第二个想说一说的是对这本自传书名的理解。*Illumination and Night Glare* 这个书名直译是《启示与夜之眩光》。这是两种光：好光和坏光，善光和恶光。好光照亮你的道路，坏光照瞎你的眼睛。电光石火般的启示成就了作家，暗夜中炫目的"贼光"却可以使人迷乱以致受到伤害。这一层意思，卡森在自传中有专门的说明。卡森得到的启示出自她的天分和勤奋，或许是"天启"，却并非"神启"——卡森的精神世界与宗教的关联没有那么深入。她心目中的夜之眩光也决不像简单的"夜光"那样蕴含着可以给人带来光明这样的正面含义，想想英文中的 Glare（怒视，刺目的强光）有多么可怕可憎吧。在短短五十年的人生尽头，她终于把这两种光看明白了。

刚接到这本书的时候，以为不过是又一位战胜病痛的楷模，就和当时美国国内的很多人也只关注她的多病与顽强一样。译完之后我想说的是，楷模多有，而"这一个"在什么时候都是绝无仅有的。那就还是看作品，看这个"人"吧。

这本书的语言有些独特之处。首先是卡森本人的语言特点。书中谈到她对一些经典文学作家结构复杂的长句颇为头痛，她自己当然也就很少用这种句子。其次是她病中写作这部自传，不少部分是口授由其他人记录然后整理出来的，这种写作方式也使得她的文字不会太艰深。但是也有一些地方，简单的文字却让我苦苦思索：她到底想说什么？摸准她的意思，然后用同样不太艰深的词语和节奏表达出来，这是我的努力。更具挑战性的部分是卡森夫妇二战期间的通信。如此亲密的两个人，语言习惯相互影响，比较接近，如何表现出语言倾向上的某些区别，确实有点难度。我尽力表现了原文中一些情绪分寸和软硬程度不太一样的口气，还有一些用词习惯上的小差异，有没有用就两说了。

　　感谢九久读书人把这个任务交给了我，感谢编辑付出的理解和辛劳，我一向相信这是出版社含金量的直接体现之一。也特别要感谢冯晓明译的弗·斯·卡尔著《孤独的猎手：卡森·麦卡勒斯传》（上海三联书店 2006 年版），译卡森自传的过程中我几乎是同步读完了这本厚厚的以他者眼光对卡森一生予以观照的传记，从中得到了很多有用的信息。

2018 年 1 月于南京茶亭